経営トップ層が知っておくべき安全衛生の知識

総括安全衛生管理者の職務

中央労働災害防止協会

ま え が き

　労働災害を防止するためには，事業場の全員がその役割と責任をもって安全衛生活動を展開することが不可欠であり，中でも工場長，所長など事業場トップの果たす役割が重要なものとなります。

　労働安全衛生法においても，事業場の安全衛生管理の取組みを制度的に担保するため，その事業場における事業の遂行全体について責任を負い，かつ権限をもつ立場にある者が，事業場全体の安全衛生管理について責任を負って業務を遂行する体制をつくることを求めています。

　すなわち，一定の規模以上の事業場では工場長や所長のようにその事業場における事業に責任と権限を有する者を総括安全衛生管理者に選任し，総括安全衛生管理者は安全衛生に関する業務の統括管理を行うこととされています。

　中災防では，総括安全衛生管理者の具体的な役割と職務を知りたいという事業場の要望にこたえ，本書を発刊し，総括安全衛生管理者は何をすべきなのか，実際に事業場で行われている活動に即して，その役割と職務を具体的に解説しています。このたび，化学物質のリスクアセスメントの義務化やストレスチェック制度の導入などを定めた平成26年の労働安全衛生法改正などに対応し，改訂いたしました。

　本書が総括安全衛生管理者はもとより，総括安全衛生管理者を補佐する安全衛生スタッフをはじめとして安全衛生管理にかかわる関係者に広くご利用いただければ幸いです。

平成28年12月

中央労働災害防止協会

目 次

第1章　企業経営と安全衛生管理 …………………………9
　1　安全衛生を巡る環境変化…………………………………………9
　2　「安全第一」の意味するもの……………………………………10
　3　安全対策の費用対効果，災害コスト……………………………10
　4　総括安全衛生管理者と安全衛生管理体制………………………12
　　（1）　総括安全衛生管理者の役割…………………………………12
　　（2）　安全衛生管理体制……………………………………………17
　　（3）　安全衛生委員会………………………………………………20

第2章　労働安全衛生法の概要 ……………………………29
　1　概要…………………………………………………………………30
　　（1）　目的……………………………………………………………30
　　（2）　事業者等の責務………………………………………………30
　　（3）　労働者の協力…………………………………………………30
　　（4）　労働災害防止計画……………………………………………30
　　（5）　安全衛生管理体制の確立……………………………………31
　　（6）　危険又は健康障害を防止するための措置…………………33
　　（7）　機械等，危険物及び有害物に関する規制…………………35
　　（8）　労働者の就業に当たっての措置……………………………37
　　（9）　健康の保持増進のための措置………………………………37
　　（10）　快適な職場環境の形成のための措置………………………40
　　（11）　事業場の安全又は衛生に関する改善措置等………………41
　　（12）　計画の届出等…………………………………………………41
　　（13）　罰則……………………………………………………………42
　　（14）　監督機関等……………………………………………………42
　2　労働安全衛生法以外の労働災害に関する事業者責任…………44
　　（1）　予防責任，安全配慮義務……………………………………44
　　（2）　災害補償責任…………………………………………………44
　　（3）　民事賠償責任…………………………………………………46

（4）刑事責任……………………………………………………………46

第3章　総括安全衛生管理者の職務……………………………47

第4章　総括安全衛生管理者の統括管理事項……………………53
　1　労働者の危険又は健康障害を防止するための措置……………………53
　　（1）危険性又は有害性等の調査等………………………………………53
　　（2）機械による危険を防止するための措置……………………………57
　　（3）化学物質による健康障害の防止対策………………………………60
　　（4）石綿（アスベスト）による健康障害の防止対策…………………67
　　（5）粉じん障害の防止対策………………………………………………69
　　（6）総合的な安全衛生管理〜請負労働者の安全衛生確保〜……………73
　　（7）派遣労働者の安全衛生管理…………………………………………76
　2　労働者の安全衛生のための教育の実施…………………………………76
　　（1）安全衛生教育の種類…………………………………………………76
　　（2）安全衛生教育の方法…………………………………………………78
　　（3）作業手順書の作成と周知……………………………………………80
　3　健康診断の実施その他健康の保持増進のための措置…………………81
　　（1）計画的な健康診断の実施について…………………………………81
　　（2）作業環境測定…………………………………………………………88
　　（3）労働者の健康の保持増進のための措置……………………………93
　　（4）労働者の心の健康の保持増進のための措置………………………96
　　（5）ストレスチェックの実施……………………………………………99
　　（6）過重労働による健康障害防止のための措置………………………102
　　（7）治療と職業生活の両立支援…………………………………………105
　4　労働災害の原因調査及び再発防止対策…………………………………106
　　（1）災害発生のメカニズム………………………………………………106
　　（2）災害調査とその留意点………………………………………………107
　　（3）再発防止対策の実施とその留意点…………………………………111
　5　労働安全衛生マネジメントシステム……………………………………112
　　（1）労働安全衛生マネジメントシステムとは…………………………112
　　（2）OSHMSの導入の必要性……………………………………………113

（3）　OSHMS の要点 …………………………………………………… 114
　6　自主的安全衛生管理活動の推進 ………………………………………… 120
　　（1）　ゼロ災害全員参加運動 …………………………………………… 120
　　（2）　快適な職場づくり ………………………………………………… 125
　　（3）　日常の安全衛生活動 ……………………………………………… 127

参考資料
　1　労働者の危険又は健康障害を防止するための措置（概要）………… 132
　2　危険性又は有害性等の調査等に関する指針 …………………………… 137
　3　化学物質等による危険性又は有害性等の調査等に関する指針 ……… 144
　4　機械の包括的な安全基準に関する指針（概要）……………………… 154
　5　元方事業者が実施すべき事項（概要）………………………………… 164
　6　派遣元・派遣先における労働安全衛生法の適用 ……………………… 169
　7　労働安全衛生マネジメントシステムに関する指針 …………………… 171

第1章　企業経営と安全衛生管理

　企業が繁栄し発展していくためには，一定の利潤を追求していくことが必要であり，そのために新たな製品の開発・生産・管理を行っているが，その過程で不幸にして働く人がけがをしたり健康を損なったり，時としてかけがえのない命を落とすことがある。

　死亡災害が発生した場合，会社にとっては1人の従業員の死亡は大勢の中の1人を失うことであるが，家族にとってはすべてを失うことになる。このように労働災害の発生は，何より被災者やその家族を不幸にするだけでなく，企業における生産や仕事の能率を阻害し，場合によっては企業経営を脅かしかねないものである。したがって，労働安全衛生法令の遵守と自主的な安全衛生活動による安全衛生管理の徹底は，企業の健全な発展のためにも不可欠なものであり，また，企業の社会的責任（CSR）という観点からも，従業員の安全と健康の確保は非常に重要な事項である。大きな事故や災害が発生した企業に対する世論の批判や責任追及は厳しくなっており，安全衛生の確保は「企業内」から「社会」の次元へとその重要性が高まり，自主的な安全衛生活動の着実な推進は，企業の社会的な信用を高めるものともなっている。

1　安全衛生を巡る環境変化

　労働災害の被災者数は1年間に50万人超で横ばい傾向にあり，死亡者数は中長期的には減少してきているが，昨今の安全衛生を巡る環境変化を鑑みると，楽観はできない状況にある。

　環境変化の第1は産業構造の変化である。第3次産業の就業者数の割合は製造業・建設業を凌駕して約7割に達している。そして，その就業人口の増加度合いを上回る勢いで，第3次産業における労働災害が増加している。

　2つ目の変化は就業形態の変化で，非正規雇用者の比率が大きく増えていることである。非正規雇用者への安全衛生教育の時間は，正規雇用者の半分程度にとどまっており，災害防止の足かせとなっている。また3つ目は職場における高齢化の進展で，60歳以上の災害（休業4日以上）年千人率は3.0と20～30歳代の1.6と比べ倍近くになっているが，そうした被災しやすい年代の労働者がますます増加してき

ているのである。

そのほか、身近に労働災害を経験してきた団塊の世代のリタイアによる安全衛生ノウハウの喪失、新たな化学物質の出現やメンタルヘルス不調者の増加など、労働災害防止に対する逆風は決して小さなものではない。いまこそ、企業経営の最も優先すべき事項は「人の命と健康を守る」ことであることを再確認する必要がある。

2 「安全第一」の意味するもの

多くの工場において「安全第一」という標語が掲げられており、また、多くの人が日常的にこの言葉を使っている。そもそも、この言葉が生まれたのは、アメリカの大手鉄鋼会社のUSスチール社においてである。最初は「生産第一・品質第二・安全第三」という、まず何よりも生産を優先する経営方針が定められ、安全は三番目に位置づけられていた。この経営方針の下、同社では災害が多発し、それに伴い職場が混乱し不良品も多発し品質の低下を招き、そして、本来一番に位置づけていた生産が、労働災害の多発と品質の低下により結果的に大きく落ち込むことになったのである。

そこで1906年、同社のゲーリー社長は、経営方針を「安全第一・品質第二・生産第三」に改め、安全を一番目にした。この方針を社内に徹底しさまざまな施策を実施することにより、同社の労働災害は大きく減少し、製品の品質も大幅に改善され、結果的に生産も飛躍的に向上したのである。このことからわかるように、「安全第一」はそれだけが独立した単なる標語ではなく、「品質第二・生産第三」とセットになった経営方針であった。この「安全第一・品質第二・生産第三」という経営方針は、一つには、労働災害の発生は、生産や労働の能率を阻害する結果となり、また労働災害を発生させる因子は、生産や労働の能率を阻害する因子と共通するものもあり、これを最優先に除去していくことの重要性について示したものである。この方針は、時代を超えて活かしていく必要がある。

特に、現在では、リスクアセスメント、労働安全衛生マネジメントシステムの導入に伴い、「標語」や「呼びかけ」としての位置づけではなく、事業場トップ自らが予見される危険性への確実な対処など「安全第一」の先頭に立った実践者となることが求められている。

3 安全対策の費用対効果、災害コスト

労働災害防止の必要性、重要性を認識し、事故・災害を未然に防ぐための安全管

理に積極的に取り組むなかで、当然、一定の投資が必要となってくるが、では、その投資に対してどれほどの経営的な効果があるのだろう。

これについては、平成12年（2000年）中央労働災害防止協会（以下「中災防」という。）が「安全対策の費用対効果に関する調査研究」を実施し、その結果、次の試算値が出された。安全対策に係る費用1に対し、得られる効果を2.7倍としている。

表1−1　安全対策に係る費用と効果

安全対策に係る費用	（万円）	安全対策に係る効果	（万円）
1　安全対策の費用	19,286	1　安全対策に係る主要効果 　（災害防止・災害回避に係る効果）	58,067
2　災害の発生に係る諸費用	6,368	2　安全対策に係る副次的効果	11,273
費用合計	25,654	効果合計	69,340
費用対効果比	1　：　2.7		

ところで、この試算値は、アンケート調査結果に基づく1事業場あたりの平均値であるが、

・国内企業全体のマクロ的な傾向を知るうえでは役立つが、個別事業場ベースでは、個々に安全対策への取組み状況、災害発生状況等が異なっていること
・単年度の費用と効果を比較すると、安全対策の取組みが遅れている事業場では、費用対効果が大きくなりがちであり、一方、安全対策の取組みが進んでいる企業では、費用対効果が小さくなりがちであること

などから、この推計値を個別事業場へ直ちに活用することは、難しいのが実情である。

また、業界団体や事業場の安全担当者等からは、

・安全担当者自身、安全対策を講じていく際に、これまでコストをあまり意識してこなかった傾向がみられるが、経営環境がますます厳しくなっていく状況を考えると、経済的側面からの視点も重要となること
・経営者の中には、災害防止のために支出するが、この支出は企業にとってあまり利益にならないのではないかという考えの人も見受けられる。このような経営者に安全対策投資の重要性を認識してもらうためには、一度災害を起こせば、労働者を負傷させ、場合によっては死亡に至るとともに、設備や資材等を破損し、そのうえ、生産を停止させるなど経営面に与える打撃が大きいという、災害に伴う

経済的損失を数字で具体的に提示するのが有効であること
・安全対策を実施するに当たって、リスクの大きさと対策について経済的な側面から評価し対策の優先順位を判断できるようなツールがほしいこと

等の意見・要望がみられた。

そこで、中災防では平成16年（2004年）に、調査研究テーマとして災害コストを取り上げ、災害コスト項目を図１－１のように整理し、実際に発生した災害について、そのコストを算定した実例を収集した。表１－２はその中の事例である。

4 総括安全衛生管理者と安全衛生管理体制

（１）総括安全衛生管理者の役割

労働災害を防止する本来的な責任は事業者であることはもちろんであり、企業の自主的活動なくしては、労働災害の絶滅を期することはできない。

企業の自主的な安全衛生活動を制度的に担保するためには、その事業場における事業の遂行全体について責任を負い、かつ権限をもつ立場にあるものが事業場全体の安全衛生管理について責任を負って業務を遂行する体制をつくることが求められる。

もちろん安全衛生管理活動が生産ラインと遊離している場合には、安全衛生管理体制が確立されていてもその機能が発揮できないことになるので、労働安全衛生法では、工場長や所長のようにその事業場における事業に責任と権限を有する者を総括安全衛生管理者に選任し、安全衛生に関する業務の統括管理を行わせることを事業者に義務づけている。

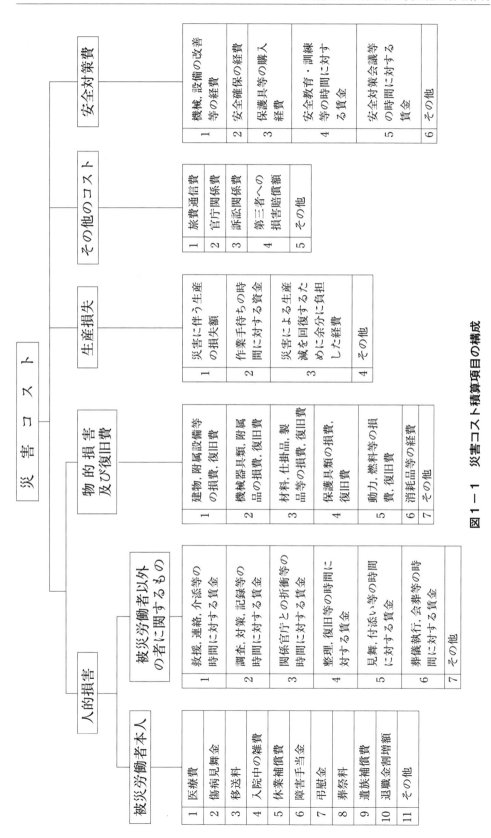

図1-1 災害コスト積算項目の構成

表1－2 災害コスト調査結果の事例

＜事例1＞

災害の状況	災害コスト
パワーリフターを使い，重量500kgの昇降式作業台を持ち上げNC作業場に移動させ，設置作業を行っていたときにこの作業台が落下し，誘導作業中の労働者が被災した。 （足の骨折　休業205日）	・医療費　300万円 ・休業補償費　260万円 ・復旧するまでの時間に対する賃金　1,200万円 ・作業手待ちの時間に対する賃金　410万円 ・再発防止のための安全教育・訓練等の時間に対する賃金　510万円 ・安全対策会議等の時間に対する賃金　280万円 　　　　　　　　　　　　　　　　　　　　　等 ［合計　3,100万円］

＜事例2＞

災害の状況	災害コスト
回転中のローラーの下方にゴミがたまったため，これを取り除こうとしたとき，ローラーとローラーカバーの間に腕をはさまれた。 （左前腕切断　障害5級，休業133日）	・障害手当金（36年分）　11,000万円 ・会社支出手当金　1,000万円 ・機械の改善経費　5万円 　　　　　　　　　　　　　　　等 ［合計　12,400万円］

＜事例3＞

災害の状況	災害コスト
工場の自動スポット溶接工程で不良が生じたので，設備の搬送機能を停止させた後，ワークの下側に入って点検していたところ，搬送設備の一部分が不意に動き出し，左足を設備のフレームにはさまれた。 （左足骨折　障害10級，休業225日）	・医療費　440万円 ・休業補償費　440万円 ・障害手当金　1,250万円 ・災害による生産減少に伴う損失　3,500万円 ・作業手待ち時間に対する賃金　480万円 ・災害による生産減回復のための賃金　480万円 ・設備の改善経費　4,000万円 　　　　　　　　　　　　　　　　　　　等 ［合計　10,800万円］

（資料出所：平成16年度中災防調査研究報告書）

総括安全衛生管理者の職務は、安全管理者、衛生管理者を指揮するとともに、法令で定められた業務（47ページの①から⑦の業務）が適切かつ円滑に実施されるよう必要な処置を講じ、かつ、その実施状況を監督するなどして責任を持って取りまとめること（統括管理）とされており、極めて広範囲な業務を担うこととなる。

　ところで、生産活動に責任を有する事業場のトップに、生産活動と一体である安全衛生についてもその責任を求めるのは、合理的かつ有効なことであるが、1人で安全衛生を管理することは容易なことではない。法令が総括安全衛生管理者に求めているのは、1人ですべてを管理することではなく、あくまで統括管理することである。

　安全衛生の統括管理をどう進めていくのか、最も大切なことは、事業場のすべての人間が安全衛生の大切さを理解し、その立場に応じた役割分担をして、全社が一丸となって安全衛生管理に取り組んでいくことである。

　次いで、社内、業界、国内あるいは国際的な視野から、自らの事業場が置かれている状況を的確に把握して、どのような方針で、どのような目標を掲げ、目標を達成するためにはどのような計画が必要なのか、その計画を実効あるものとするには人・物・金などの経営資源をどのように投入していくのか、ということになる。

　さらに、この計画が計画通り進んでいるのか、絶えず点検し、遅れているなど進捗に問題があれば改善をしていくという、P（Plan：計画）、D（Do：実施）、C（Check：評価）、A（Act：改善）のPDCAサイクルを適切かつ確実に回していくことである。

　このような視点で、安全衛生の統括管理をどう進めていくのかを考えると、次のような前提が必要である。

① 労働災害の発生状況、健康診断による有所見率、安全衛生の管理状況等から、安全衛生水準を向上させていくための事業場としての安全衛生方針を作成し、全従業員に対し表明すること。この方針が安全衛生活動の原則となるものであること。

② 方針に基づいて、例えば当該年度に達成すべき到達目標を安全衛生目標として掲げること。

③ 方針及び目標に基づいて、リスクアセスメントの実施と講じた措置の状況、安全衛生管理状況の点検等から、改善が必要とされる事項を含めた安全衛生計画を作成すること。

④ 計画を確実に実行していくために、実施状況の点検・評価、改善というPDCAサイクルが適切に行われていることを確認すること。

⑤ 計画終了後に方針及び目標が満足した活動結果となったかを評価し，次年度に向けた取組みに反映させること。

　また，総括安全衛生管理者の役割は，統括管理を適切かつ有効に進めるための前提に沿って，安全衛生活動のフレームを構築し，人材・予算を含め必要な経営資源を投入していくことである。特に，人材の活用，活動の組織化が大切であり，安全管理者，衛生管理者，産業医といった安全衛生スタッフによる安全衛生管理体制を整備することと，各生産ラインの部長，課長，職長等の各級管理者にそれぞれ安全衛生の責任と権限を与えて実効あるラインの体制整備を図ることが重要である。また，有効な活動とするためには，現場の実態について現場の声を聴き，現場の従業員にも参加し協力してもらわなければならない。安全パトロール等で直接現場の声を聴く機会をもつことや，安全衛生委員会での調査審議を活性化して，意見具申に積極的に耳を傾けるよう心掛けることが大切である。

　表1－3は，総括安全衛生管理者の基本的な役割をまとめたものである。

表1－3　総括安全衛生管理者の基本的な役割

基本的事項	・事業場の安全衛生の状況と課題を的確に把握する ・その状況と課題を安全衛生方針，安全衛生目標及び安全衛生計画に反映する。また，安全衛生委員会の意見など現場の声，関係請負人の意見などを反映する ・方針，目標及び計画を関係する労働者（関係請負人の労働者を含む。）に周知し，理解するようにする ・PDCAが適切に行われていることを確認する
組織・管理体制関係	・法令に定める有資格者による安全衛生管理体制を整備する ・安全衛生スタッフ，部門のライン管理者の責任と役割分担を決め，指揮する ・安全衛生委員会を法令に基づく構成で定期に開催する。また，必要かつ十分に調査審議して，意見具申が行われるようにする ・安全衛生委員会の審議結果を労働者に適切な方法により周知する

（2）安全衛生管理体制

　労働災害を防止するためには，適切な安全衛生管理が必要となる。この安全衛生管理を実効あるものとするためには，労働安全衛生法令の遵守はもとより事業場の自主的な安全衛生活動が必須であるが，この活動もやみくもに進めるということでは効果があがらない。

　労働災害をなくすための効果のあがる安全衛生管理を行うためには，経営トップから各級の管理監督者に至るまで，それぞれの役割，責任，権限を明らかにした安全衛生管理体制を整備し，事業場が一体となって計画的に安全衛生管理のための活動に取り組む必要がある。また，労働者の意見を聴く場を設けることも重要である。

　安全衛生管理の最終的な責任を有する事業者は，安全衛生管理体制を整備し，各級の管理監督者に必要な権限を委任した場合でも，事業場の安全衛生管理の実情，各級の管理監督者の職務遂行状況を把握し，監督し，必要な指揮，指示を行う必要がある。

　どのような安全衛生管理体制にするかは，業種，規模などによってさまざまであ

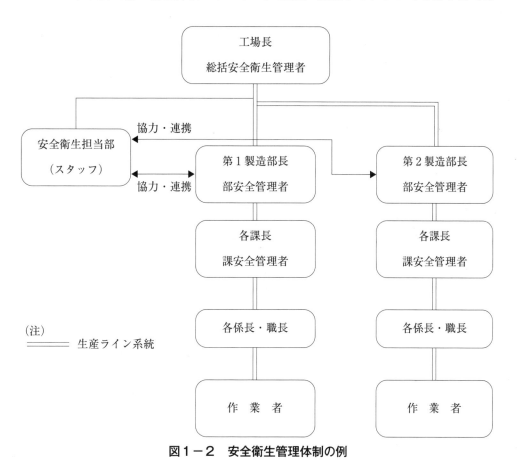

図1-2　安全衛生管理体制の例

るが,総括安全衛生管理者の選任が義務づけられている場合には,工場長のように事業の実施を統括管理する者を総括安全衛生管理者に選任し,生産活動と一体になった体制とすることが必要である。

生産活動と一体となった体制とするためには,例えば,安全衛生計画の作成を生産ライン部門と安全衛生スタッフ部門が協力してまとめるとともに,その計画に沿った活動を生産ライン部門が行い,活動の点検,評価を生産ライン部門とともに安全衛生スタッフ部門が行うというような生産ライン部門と安全衛生スタッフ部門とが密接に連携できていることが大切である。

一方,建設業や造船業のように,重層の請負構造のもとで元請(元方事業者)及び下請(関係請負人)の労働者が同一の場所で混在して作業を行う業種では,前述のような安全衛生管理体制に加え,このような混在作業による災害を防止するため事業者と関係請負人が一体となった管理体制(統括安全衛生管理体制)を整備し,安全衛生活動を進める必要がある(図1-3参照)。

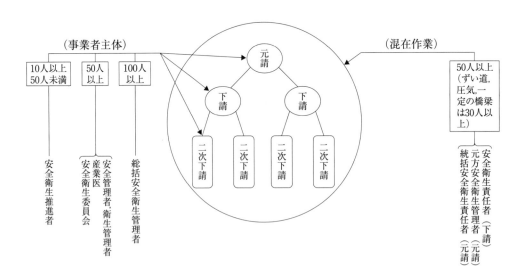

図1-3　建設現場の安全衛生管理体制

4 総括安全衛生管理者と安全衛生管理体制

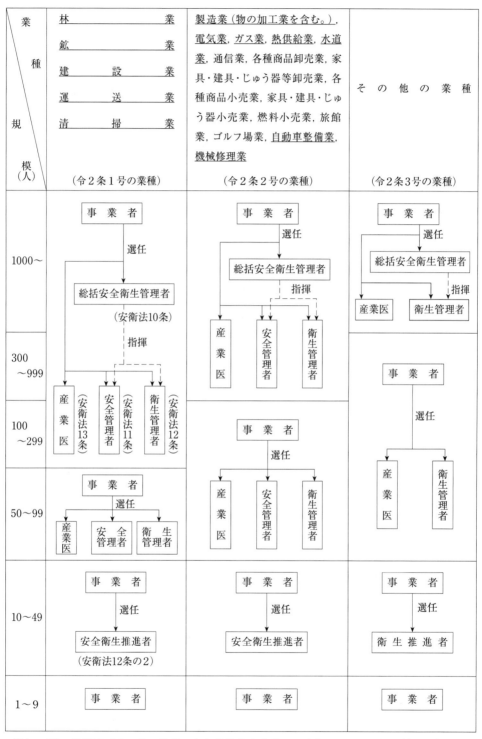

(注) 下線の業種及びその他の業種のうち農林畜水産業, 医療業については第2種衛生管理者免許を有する者を衛生管理者として選任することはできない。(安衛則7条3号)

(資料出所:「安全衛生スタッフ便覧 平成24年度版」中災防発行)

図1-4 事業場規模別・業種別安全衛生管理組織

（3）安全衛生委員会

ア　安全衛生委員会の位置づけ

　安全衛生管理体制に組み入れられたものとして安全衛生委員会の設置があり，議長である総括安全衛生管理者は，必ず出席するようにしなければならない。

　職場における安全衛生の確保は，事業者の責務であるが，労働災害が労働の現場において物と人との関係において起こる以上，実際に生産活動に従事している作業者の理解と協力なくしてその責任を果たすことはできない。

　事業場の安全衛生問題の改善・解決を図るためには，労働者が安全衛生に十分な関心をもち，その意見を事業者の行う安全衛生のための諸措置に反映させることが必要なのである。

　安全衛生委員会は，労使が安全衛生問題について調査審議し，改善・解決を要する事案などについては事業者に対し必要な意見を述べる場であるから，安全衛生を向上していくための現場における重要な問題が調査審議され，その結果は実現されなければならない。そのためには，現場の作業者やあるいは職場委員会などが設けられている場合にはそうした委員会などから問題が提案されてくるようにすることが大切である。

　安全衛生委員会は本来，事業者に対し意見を述べるための機関であり，「そうか」といってただ聞きおくだけというのでは委員の熱意もさめてしまう。また，せっかく貴重な時間をかけて調査審議した結果がムダになってしまう。労使が英知を結集して調査審議した結果は，その後の安全衛生活動等に十分反映されるべきである。そのことは，安全衛生に関する労働者の理解を深め，実施に当たっての協力を約束することにもつながるのである。

　また，意見が分かれるからといってすぐ採決で黒白をつけるといった運営はさけ，合意を得るための論議を尽くすという進め方が望まれる。安全衛生に関する問題は，労使の力関係によって解決策が左右されるべきものでなく，お互いに話し合っていけば当然帰着すべき到達点を得ることが期待されるからである。

　厚生労働省が過去に行った大規模製造事業場を対象とした安全管理の調査によると，災害の発生率の高い事業場では，当該事業場の安全衛生委員会で「意見交換が十分行われているとは言えない」とする割合が高く，安全衛生委員会で活発に審議することが重要であることが示唆されている。

イ　構　成
（ア）　委員

安全衛生委員会の委員の構成は，次によらなければならない。

① 総括安全衛生管理者又は総括安全衛生管理者以外の者で当該事業場においてその事業の実施を統括管理するもの若しくはこれに準ずる者のうちから事業者が指名した者
② 安全管理者及び衛生管理者のうちから事業者が指名した者
③ 産業医のうちから事業者が指名した者
④ 当該事業場の労働者で，安全に関し経験を有するもののうちから事業者が指名した者
⑤ 当該事業場の労働者で，衛生に関し経験を有するもののうちから事業者が指名した者

なお，当該事業場の労働者で，作業環境測定を実施している作業環境測定士であるものを安全衛生委員会の委員として指名することができる，とされている。

（イ）　議長

安全衛生委員会の議長は，（ア）の①の委員，すなわち総括安全衛生管理者等と定められている。

（ウ）　構成人員

委員会の構成人員については，事業の規模，作業の実態に即し，適宜決定すればよく，したがって，委員の人数はそれぞれの事業場で決定してよいことになる。なお，前記（ア）①（総括安全衛生管理者等）を除く委員の半数は，当該事業場に労働者の過半数で組織する労働組合があるときはその労働組合，労働者の過半数で組織する労働組合がないときは労働者の過半数を代表する者の推薦に基づき事業者が指名することになっている。

ウ　調査審議事項

安全衛生委員会の調査審議事項については，労働安全衛生法（以下「安衛法」という。）でそれぞれ安全委員会，衛生委員会の調査審議事項として規定されているが，安全衛生委員会として開催する場合は，これら双方の調査審議事項が含まれていなければならない。これをまとめると次のとおりとなる。

① 労働者の危険及び健康障害を防止するための基本となるべき対策に関す

ること。

　　事業場における安全衛生管理に関する中・長期の方針，年度の安全衛生管理の方針及び計画，事業場の安全衛生管理体制の確立や安全衛生基準の策定などは，事業場の安全衛生管理の基本となる事項である。

② 労働者の健康の保持増進を図るための基本となるべき対策に関すること。

　　健康の保持増進の主な内容は，次のとおりであり，これらの基本的計画等について調査審議することを規定している。

a　作業環境測定とその評価

b　作業の管理

c　健康診断，その結果についての医師等からの意見聴取，健康診断実施後の措置，保健指導・面接指導等

d　病者の就業禁止

e　健康教育

f　健康の保持増進措置

③ 労働災害の原因及び再発防止対策で，安全衛生に係るものに関すること。

　　労働災害には，業務上の負傷のほか，業務上の疾病も含まれる。したがって，業務遂行中，業務に起因して発生する死傷病のすべてについて，発生した場合の原因や再発防止対策のみならず，その発生を未然に防止するための諸施策についても調査審議の対象とするものである。

④ ①～③に掲げるもののほか，労働者の危険及び健康障害の防止並びに健康の保持増進に関する重要事項。

　　これについては，労働安全衛生規則（以下「安衛則」という。）で安全委員会，衛生委員会それぞれの付議事項が定められているが，まとめると次のとおりとなる。

a　安全及び衛生に関する規程の作成に関すること。

b　安衛法第28条の2第1項又は第57条の3第1項及び第2項の危険性又は有害性等の調査及びその結果に基づき講ずる措置に関すること。

c　安全衛生に関する計画の作成，実施，評価及び改善に関すること。

d　安全衛生教育の実施計画の作成に関すること。

e　厚生労働大臣，都道府県労働局長，労働基準監督署長，労働基準監督官，産業安全専門官又は労働衛生専門官から文書により命令，指示，勧

告又は指導を受けた労働者の危険の防止及び健康障害の防止に関すること。

f 安衛法第57条の４第１項及び第57条の５第１項の規定により行われる有害性の調査の結果に対する対策の樹立に関すること。（新規化学物質・重度の健康障害のおそれのある物質）

g 安衛法第65条第１項又は第５項の規定により行われる作業環境測定の結果並びにその結果の評価に基づく対策の樹立に関すること。

h 定期に行われる健康診断，安衛法第66条第４項の規定による指示を受けて行われる臨時の健康診断，安衛法第66条の２の自ら受けた健康診断及び法に基づく他の省令の規定に基づいて行われる医師の診断，診察又は処置の結果並びにその結果に対する対策に関すること。

i 労働者の健康の保持増進を図るため必要な措置の実施計画の作成に関すること。

j 長時間にわたる労働による労働者の健康障害の防止を図るための対策に関すること。

k 労働者の精神的健康の保持増進を図るための対策の樹立に関すること。

第1章　企業経営と安全衛生管理

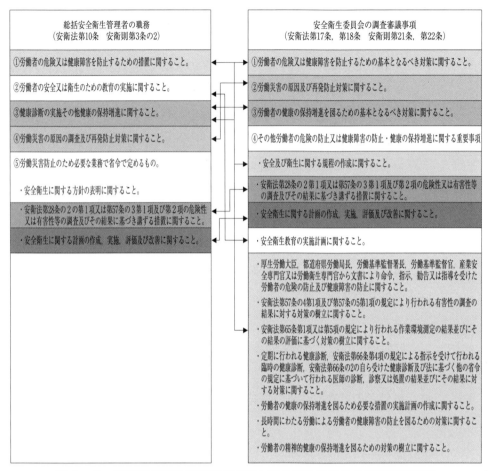

図1-5　総括安全衛生管理者の職務と安全衛生委員会の調査審議事項

エ　運　営

　安全衛生委員会は，次のように運営する必要がある。

(ア)　開催回数

　安全衛生委員会は定例的に毎月1回以上開催する。

　また，委員会は，原則として通常の労働時間内に開催するようにしなければならない。

(イ)　議事録の作成と労働者への周知

　委員会の議事内容のうち重要なものについては，議事録として記録するとともに，これを3年間保存しなければならない。これは，議事録により，決定した事項が事業場として確実に実施されたか，後日の確認が取れること，また，事業場の安全衛生上の問題点や課題を明確にすることができる等の趣旨によるものである。

　また，議事の概要は，①見やすい場所に掲示又は備えつける，②書面を交付する，③電子媒体に記録し，コンピューターネットワーク等により常時確認できるようにする，のいずれかの方法で，労働者に周知させなければならない。

オ　安全衛生委員会の活性化

　繰り返しになるが，安全衛生委員会は，事業場の安全衛生の課題について調査審議を行う重要な場である。したがって，安全衛生委員会活動が活発化している事業場ほど，安全衛生活動に対する関心が高く，また，安全衛生管理のレベルが高いといえる。

　安全衛生委員会の活動が十分でない，報告だけに終わっている，議題がない，マンネリ化している等の話がよく聞かれるが，これを打破し活性化するのは総括安全衛生管理者の重要な職務である。

　活性化するためのポイントをいくつかあげてみる。

(ア)　開催日

　安全衛生に対するトップの取組み姿勢を示し，安全衛生委員会の活性化を促すためにも議長である総括安全衛生管理者の出席は必須である。また，委員の出席率を高めるためにも，他の主要会議の定例開催日等とも調整のうえ，定例開催日を設定しておくことが有効である。例えば，「第2週の金曜日の午前10時から12時まで」等と定めている事業場も多い。

（イ）　議長のリーダーシップ

　　安全衛生委員会の議長は，総括安全衛生管理者等事業場のトップである。それだけに発言の影響も大きいことから，議長が独断で進行することは慎まなければならないが，発言の少ない委員へ発言を促す等活発な委員会運営が行われるようリーダーシップを発揮しなければならない。

（ウ）　委員会の年間活動計画の策定

　　安全衛生委員会は，報告事項も重要であるが，安全衛生上の課題を調査審議することがより重要な機能である。事業場の安全衛生計画に従った活動を進めるに当たり，事業場の労使が協力して計画の作成から具体的な活動状況まで調査審議していくことが重要である。

　　さらに，安全衛生委員会としての年間活動計画を策定し，月々審議する事項をあらかじめ決めておくことにより，報告だけの安全衛生委員会ではなく，審議をする機能を持った安全衛生委員会となる。

　　年間計画の例は次のとおりである。

表1－4　安全衛生委員会の月別審議事項の年間計画例

1月　新任管理者の安全衛生教育計画
2月　年度安全衛生の方針，目標及び計画
3月　新入社員の雇入れ時安全衛生教育計画
4月　年度健康診断計画
5月　全国安全週間準備期間，本週間の計画
6月　夏季の労働災害防止計画
7月　夏季休暇中の交通事故防止計画
8月　全国労働衛生週間準備期間，本週間の計画
9月　健康づくり活動計画
10月　監督者安全衛生教育計画
11月　冬季の交通事故防止計画
12月　年末年始の労働災害，交通事故防止計画

（エ）安全衛生委員会の議題の事前調整

　安全衛生委員会の議題が決まり，開催案内をすると同時に，各委員に対して資料の配布を行いながら，特に審議事項の趣旨や主なポイントを事前に説明し，発言を促すことは重要である。また，報告事項についても，報告を行う委員に対し，特に報告内容のポイントについて事前調整をしておくことが望ましい。

　このような各委員との事前の調整により，委員の発言の準備ができ，また，事務局も各委員の意見を事前に把握することができるという利点がある。

　この事前調整については，実際には事務局が行うものであるが，総括安全衛生管理者としてはそれが的確に行われるよう指示，指導する必要がある。

（オ）議事録の活用

　安全衛生委員会の議事録の作成と周知及び保存については，労働安全衛生規則で規定されている。この議事録は，各委員が職場で報告したり，あるいは職場展開するとき補足的に説明するうえでも有用である。また，この議事録をもとに，各委員に活発な活動を促すことが可能であり，単に記録の保存という意義だけでなく，その活用方法も工夫する必要がある。

第2章 労働安全衛生法の概要

　安衛法の制定される以前は，労働者の安全と健康を確保するための安全衛生に関する措置は，労働基準法の中で定められていた。しかし，昭和30～40年代になると，労働災害は多発し，労働基準法の枠内にあっては，急激に変化する経済社会の実態に即応できないこと等から，安全衛生に係る法制の充実強化を図るため，安衛法が制定された（昭和47年）。なお，安衛法第1条には「労働基準法と相まって」という文言が，また，労働基準法第42条では「労働者の安全及び衛生に関しては，労働安全衛生法の定めるところによる」という文言があり，その関係が一体であることを明確にしている。

　安衛法は，労働災害の事前予防のための各種の安全衛生管理上の措置を定め，これを罰則をもって遵守することを事業者に強制している。

　安全衛生管理を行うべき主体を，安衛法では「事業者」と規定している。「事業者」とは，「事業を行う者で，労働者を使用するものをいう。」（安衛法第2条第3号）と定義されている。通達でも「「事業者」とは，法人企業であれば当該法人，個人企業であれば事業主を指している。これは，従来の労働基準法上の義務主体であった「使用者」と異なり，事業経営の利益の帰属主体そのものを義務主体としてとらえ，その安全衛生上の責任を明確にしたものである。」（昭和47年9月18日付け基発第91号）となっている。つまり，安衛法上の災害防止の責任主体は，企業が法人の場合，会社という法人自体ということになるが，法人の権利義務を実行するのは，法人の代表機関である代表者，一般には「社長」ということになり，災害防止責任は事業者としての全執行責任を有する企業のトップに課されていると言える。実際には，社長がすべてを行うことはできないので，企業内組織に応じてその義務と権限が，社長から工場長，部長，課長，職長へと段階的に授権されるのが通例である。すなわち，法律上の災害防止に必要な実際上の措置を講じなければならないのは，社長に代わって権限を授権された工場長，部長等ということになる。このように安衛法の措置義務を実行すべき権限と責任は事業者から各級の管理・監督者に分配されていることになり，この措置を怠った場合は，これらの者が処罰を受けることになる。

　また，安衛法は労働災害の予防法であり，事前に災害を発生させないように防止措置を尽くすことを義務づけているものであり，災害発生という結果を問わない。

例えば安全装置が不備のプレス機を用いて作業させたり，墜落防止措置を講じないで高さ2メートル以上の場所で作業させること自体が同法違反なのである。同法は，労働者保護法であり，行政取締法としての事前予防法で事業者に事前の措置を強制しているからである。

安衛法は，制定後も社会の変遷に対応して逐次改正されてきていて，労働災害の減少に大きく寄与している。最近では，平成18年には，リスクアセスメントや過重労働に対応した面接指導，また平成26年の改正ではストレスチェック制度，化学物質リスクアセスメントなどが新たに盛り込まれた。

以下に，安衛法の概要を述べる。

1　概要

（1）目的

安衛法は労働基準法と相まって，労働災害防止のための危害防止基準の確立，責任体制の明確化，自主的活動の促進の措置を講ずる等の総合的，計画的な対策を推進することにより，職場における労働者の安全と健康を確保するとともに，快適な職場環境の形成を促進することを目的としている。（第1条）

（2）事業者等の責務

事業者は，単に労働災害の防止のための最低基準を守るだけでなく，快適な職場環境の実現と労働条件の改善を通じて，職場における労働者の安全と健康を確保するようにしなければならない。また，機械・器具その他の設備の設計者・製造者・輸入者，原材料の製造者・輸入者，建設物の建設者・設計者，建設工事の注文者等は，これらの物が使用される段階での労働災害の発生の防止に資するように努めること。（第3条）

（3）労働者の協力

労働者は，労働災害を防止するために必要な事項を守り，事業者等の関係者が実施する労働災害の防止に関する措置に協力するよう努めること。（第4条）

（4）労働災害防止計画

労働災害の防止を図るためには，政府，事業者等が一体となって，防止対策を総

合的かつ計画的に実施することが必要である。

　このため，厚生労働大臣は，公労使で構成され労働政策審議会の意見を聴いて，労働災害の防止のための主要な対策に関する事項その他労働災害に関し重要な事項を定めた労働災害防止計画を策定しなければならないこと，また，策定した労働災害防止計画は公表しなければならないこと。（第6条，第7条及び第8条）

（5）安全衛生管理体制の確立

　事業場における安全衛生活動を制度的に担保するため，以下のような定めによる管理体制を確立することが規定されている。

　ア　総括安全衛生管理者

　　安全衛生管理が生産ラインと一体的に運営されるよう，一定の規模以上の事業場において，当該事業の実施を統括管理する者を総括安全衛生管理者に選任し，安全衛生に関する業務を統括管理させること。また，総括安全衛生管理者は，安全管理者又は衛生管理者などを指揮すること。（第10条）

　イ　安全管理者及び衛生管理者

　　一定の業種で常時50人以上の労働者を使用する事業場は安全管理者，常時50人以上の労働者を使用する事業場は衛生管理者を選任し，総括安全衛生管理者の業務のうちそれぞれ安全又は衛生に関する技術的事項を管理させること。（第11条，第12条）

　ウ　安全衛生推進者等

　　安全管理者及び衛生管理者の選任が義務づけられていない常時10人以上の労働者を使用する事業場は，安全衛生推進者又は衛生推進者を選任し，安全衛生業務を担当させること。（第12条の2）

　エ　産業医

　　常時50人以上の労働者を使用する事業場は，医師のうちから産業医を選任し，労働者の健康管理を行わせること。産業医は，労働者の健康管理を行うに必要な医学に関する知識について一定の要件を備えた者でなければならないこと。（第13条）

　　また，産業医の選任義務のない事業場については，産業医学の知識を有する

医師等に，労働者の健康管理の全部又は一部を行わせるよう努めること。（第13条の2）

オ　作業主任者

酸素欠乏危険作業等，労働災害を防止するための管理を必要とする一定の危険有害作業については，都道府県労働局長の免許を受けた者又は都道府県労働局長の登録を受けた者が行う技能講習を修了した者の中から，作業主任者を選任し，当該作業に従事する労働者の指揮，取り扱う機械及びその安全装置の点検，保護具の使用状況の監視等を行わせること。（第14条）

カ　建設業等の混在作業での管理体制

建設業及び造船業のように重層下請関係において異なる事業者の労働者が同一の場所で混在して作業を行う場合には，それぞれの事業者の責任とともに，元方事業者（建設業と造船業では特定元方事業者という。）と関係請負人とが以下の管理体制のもと十分連携をとって労働災害を防止することとされている。

① 統括安全衛生責任者

現場の規模が一定以上の場合には，元方事業者は，統括安全衛生責任者を選任し元方安全衛生管理者の指揮をさせるとともに，協議組織の設置及び運営，作業間の連絡調整等の事項を統括管理させること。統括安全衛生責任者は当該現場を統括管理するものを充てること。また，元方安全衛生管理者には，協議組織の設置及び運営，作業間の連絡調整等の事項のうち技術的事項を管理させること。（第15条，第15条の2）

② 安全衛生責任者

統括安全衛生責任者を選任すべき現場の関係請負人は，安全衛生責任者を選任し，統括安全衛生責任者との連絡等を行わせること。（第16条）

キ　安全衛生委員会

労働災害を防止するためには，労使一体となった取組みが必要であることから，安全又は衛生に関する重要事項について調査審議し，事業者に意見を述べるため,安全委員会又は衛生委員会（安全衛生委員会を設置することでもよい。）を設置すること。

委員会は議長となる者（総括安全衛生管理者等）以外の構成員の半数につい

ては,労働組合等の推薦に基づいて指名しなければならないこと。(第17条~第19条)

(6) 危険又は健康障害を防止するための措置

ア 危険又は健康障害を防止するために事業者の講ずべき措置は,次のように規定されている。

① 機械等による危険,爆発性の物,発火性の物,引火性の物等による危険及び電気,熱その他のエネルギーによる危険を防止するため必要な措置(第20条)

② 掘削,採石,荷役等の作業方法から生ずる危険及び労働者が墜落するおそれのある場所,土砂等が崩壊する場所等に係る危険を防止するため必要な措置(第21条)

③ 原材料,ガス,蒸気,粉じん,酸素欠乏空気等による健康障害,放射線,騒音,振動,異常気圧等による健康障害,計器監視,精密工作等の作業による健康障害及び排気,排液等による健康障害を防止するため必要な措置(第22条)

④ 作業場の通路,床面,階段等の保全並びに換気,採光,照明,休養,避難及び清潔に必要な措置その他労働者の健康,風紀及び生命の保持のため必要な措置(第23条)

⑤ 作業行動から生ずる労働災害を防止するため必要な措置(第24条)

⑥ 労働災害発生の急迫した危険があるときは,直ちに作業を中止し,労働者を作業場から退避させる等の措置を講ずること。(第25条)

⑦ 労働者は,事業者がこれらの規定に基づき講ずる措置に応じて,必要な事項を守らなければならないこと。(第26条)

⑧ 事業者の講ずべき具体的な措置,労働者の守るべき事項は厚生労働省令で定めること。(第27条)

イ リスクアセスメントの実施

建設物,設備,原材料,ガス,蒸気,粉じん等や作業行動その他業務に起因する危険性又は有害性等(表示義務対象物及び通知対象物による危険性又は有害性等を除く。)を調査し,その結果に基づいて,法令の規定による措置のほか,労働者の危険又は健康障害を防止するため必要な措置(リスクアセスメント)を講ずるよう努めること。(第28条の2)

ウ　元方事業者の講ずべき措置

　　元方事業者は，関係請負人及びその労働者に対し法令に違反しないよう必要な指導を行い，違反しているときは是正のため必要な指示を行うこと。指示を受けた関係請負人又はその労働者は，その指示に従うこと。(第29条)

　　また，建設業の元方事業者は，土砂崩壊，機械等が転倒するおそれのある場所等で関係請負人の労働者が作業を行うときは，危険防止措置を適正に講ずるよう技術上の指導・資材の提供等必要な措置を講じなければならないこととしている。(第29条の2)

エ　特定元方事業者等の講ずべき措置

　　建設業と造船業では，同一の場所で元方事業者と下請事業者の労働者が混在して作業する場合が多く，混在作業によって生ずる労働災害を防止するため，建設業と造船業の元方事業者を特定元方事業者と定め，特定元方事業者が災害防止のための必要な措置を講じなければならないこととしている。(第30条)

オ　製造業（造船業を除く。）に属する事業の元方事業者は，異なる事業者との混在作業によって生ずる労働災害を防止するため，作業間の連絡調整，合図の統一等の措置を講じること。(第30条の2)

カ　注文者等の講ずべき措置

　　建設業又は造船業の事業において，その事業の仕事の一部を他の者に請け負わせた注文者は，建設物，設備又は原材料を，その仕事の行う場所においてその請負人の労働者に使用させるときは，当該建設物等について労働災害防止のため必要な措置を講じなければならないこと。(第31条)

　　また，大量漏えいにより急性障害を引き起こす化学物質，引火性の化学物質等を製造し，又は取り扱う設備の改造，修理，清掃等の仕事で，設備の分解又は設備の内部に立ち入る作業を伴うものの注文者は，労働災害を防止するため必要な措置を講じなければならないこと。(第31条の2)

　　さらに，建設機械等を用いる仕事を共同して行う場合に，当該建設機械等を用いる仕事を自ら行う発注者等は，当該仕事に係る作業に従事しているすべての労働者の労働災害を防止するため必要な措置を講じなければならないこと。
　　(第31条の3)

キ 機械等付与者等の講ずべき措置

　労働災害を効果的に防止するために，建設機械のリース業者，建築物貸与者，重量物の発送者等事業者以外の者にも一定の措置を義務づけており，それに関して所要の規定が設けられている。(第33条～第35条)

(7) 機械等，危険物及び有害物に関する規制

ア　機械等に関する規制

　機械等の安全を確保するためには，製造，流通段階における規制が必要であることから，次のことが規定されている。

① 特に危険な機械等の製造の許可，検査

　特に危険な作業を必要とするボイラーやクレーン等（特定機械等という。）については，製造に当たっての都道府県労働局長による許可（第37条），製造・輸入・設置時等には都道府県労働局長又は厚生労働大臣の登録を受けた者による検査を受けること。（第38条）

　また，検査証を受けていない特定機械等は使用してはならないこと。（第40条）

② 危険な機械等の譲渡等の制限

　特定機械等以外の機械等で危険・有害な作業を必要とするもの，危険な場所で使用するもの，危険又は健康障害を防止するため使用するものは，厚生労働大臣が定める規格又は安全装置を具備しなければ，譲渡し，貸与し，設置してはならないこと。（第42条）

③ 機械の危険部分の防護

　動力により駆動される機械等で，作動部分上の突起物，動力伝導部分又は調速部分に防護措置が施されていないものは，譲渡し，貸与し，又は譲渡若しくは貸与の目的で展示してはならないこと。（第43条）

④ 機械等の検定，定期自主検査

　上記の規制のほか，一定の機械等については，厚生労働大臣の登録を受けた者の検定（個別検定と型式検定がある。）を受けることや，事業者による定期自主検査制度が設けられている。（特に専門技術的な検査が必要なものについては，一定の資格者又は検査業者による特定自主検査による。）（第44条，第44条の2，第44条の3，第45条）

イ 危険物及び有害物に関する規制

① 製造等の禁止

　黄りんマッチ，ベンジジン，4－アミノジフェニル，石綿等の労働者に重度の健康障害を生ずるものについて，製造し，輸入し，譲渡し，提供し，又は使用してはならないこと。（第55条）

② 製造の許可

　ジクロルベンジジン，アルファ－ナフチルアミン等の労働者に重度の健康障害を生ずるおそれのある物質を製造しようとする者は，あらかじめ，厚生労働大臣の許可を受けること。（第56条）

③ 容器等への表示

　爆発性の物等労働者に危険を生ずるおそれのある物，ベンゼン等労働者に健康障害を生ずるおそれのある物を容器に入れ又は包装して，譲渡し，提供する者は，その容器等に人体に及ぼす作用等の一定の事項を表示すること。（第57条）

④ SDSの交付等

　労働者に危険若しくは健康障害を生ずるおそれのある物等で通知対象物に定められた物を譲渡し又は提供する者は，文書（安全データシート：SDSという。）の交付等の方法により，その物理的及び化学的性質，人体に及ぼす作用等の一定の事項を，譲渡し又は提供する相手方に通知すること。（第57条の2）

⑤ 化学物質のリスクアセスメント

　事業者は，表示義務の対象物及び通知対象物による危険性又は有害性等を調査しなければならないこと。また，その調査の結果に基づいて，法又はこれに基づく命令の規定による措置を講ずるほか，労働者の危険又は健康障害を防止するための必要な措置を講ずるように努めなければならないこと。（第57条の3第1項，第2項）

⑥ 有害性の調査

　新規化学物質を製造・輸入しようとする事業者は，あらかじめ，有害性の調査を行い，当該物質の名称，有害性の調査の結果等を厚生労働大臣に届け出ること。（第57条の4）

(8) 労働者の就業に当たっての措置

ア　安全衛生教育

　　労働者を雇い入れたとき，作業内容を変更したときは，労働者に対してその従事する業務に関する安全衛生教育を行うこと。また，危険又は有害な業務に就かせるときは，当該業務に関する安全衛生のための特別教育を行うこと。（第59条）

イ　職長教育

　　新たに職務に就くこととなった職長等労働者を直接指導監督する者に対し，作業方法の決定，労働者に対する指導監督の方法に関すること等の一定の事項について，安全衛生教育を行うこと。（第60条）

ウ　能力向上教育等

　　事業場の安全衛生水準の向上を図るため，安全管理者，衛生管理者，安全衛生推進者，衛生推進者等労働災害防止のための業務に従事する者に対し，その能力の向上を図る教育，講習等を行い，又はこれらを受ける機会を与えるよう努めること。（第19条の２）

　　また，同様の趣旨で，危険又は有害な業務に現に就いている者に対して，その業務に関する安全衛生のための教育を行うよう努めること。（第60条の２）

エ　就業制限

　　クレーンの運転等一定の業務については，都道府県労働局長の免許を受けた者，都道府県労働局長の登録を受けた者が行う技能講習の修了者等一定の資格を有する者でなければ当該業務に従事できないこと。これらの者以外の者は，当該業務を行ってはならないこと。（第61条）

オ　中高年齢者等についての配慮

　　労働災害の防止について特に配慮を必要とする中高年齢者等について，その心身の条件に応じた適正な配置を行うように努めること。（第62条）

(9) 健康の保持増進のための措置

健康の保持増進のために事業者が講ずべき措置は，有害業務に対応した作業環境

管理,作業管理及び健康管理に関すること,過重労働に対応した面接指導等に関すること,心身両面にわたる健康の保持増進に関することなど,労働者の高齢化の進展,疾病構造の変化等により国民の健康増進への関心が高まってきていることに伴い,最近,大幅に拡充されてきている。

ア　作業環境管理

　　有害な業務を行う屋内作業場等のうち一定の作業場については,作業環境測定を行うこと。測定は,厚生労働大臣の定める作業環境測定基準に従うこと。有機溶剤等の作業環境測定は,自社の作業環境測定士に行わせるか,作業環境測定機関に委託して実施すること。(第65条,作業環境測定法第3条)

　　また,作業環境測定結果については,厚生労働大臣の定める作業環境評価基準に従って評価し,その評価に基づいて,労働者の健康を保持するため必要があると認められるときは,施設・設備の設置又は整備,健康診断の実施等の適切な措置を講じること。(第65条の2)

イ　作業管理

　　労働者の健康に配慮して,労働者の従事する作業について,一連続作業時間と休憩時間の適正化,作業量の適正化,作業姿勢の改善等適切に管理するよう努めること。潜水業務等では,作業時間についての基準に違反して従事させないこと。(第65条の3,第65条の4)

ウ　健康診断及び健康管理手帳
(ア)　次の健康診断の実施が義務づけられている。(第66条)
　　①　一般定期健康診断(第1項)
　　②　有害業務に従事する労働者に対する特別の項目についての健康診断(第2項前段)
　　③　一定の有害業務に従事したことのある労働者で,現に使用している労働者に対する特別の項目についての健康診断(第2項後段)
　　④　一定の有害業務に従事する労働者に対する歯科医師による健康診断(第3項)
　　⑤　都道府県労働局長が指示する臨時の健康診断(第4項)

(イ) 自発的健康診断結果の提出

深夜業に従事する労働者で，一定の要件に該当するものは，自発的に受けた健康診断の結果を証明する書面を事業者に提出することができること。（第66条の２）

(ウ) 健康診断実施後の措置

健康診断の結果，異常の所見があると診断された労働者について，その労働者の健康を保持するために必要な措置について，医師又は歯科医師の意見を聴くこと，その意見を勘案し必要があると認めるときは，労働者の実情を考慮して，就業場所の変更，作業の転換等の適切な措置を講じること。（第66条の４，第66条の５）

また，事業者は，健康診断を受けた労働者に対し，当該健康診断の結果を通知しなければならないこと。（第66条の６）

さらに，健康診断の結果，特に健康の保持に努める必要があると認める労働者に対し，医師又は保健師による保健指導を行うよう努めること。（第66条の７）

(エ) 面接指導等

労働時間の状況その他労働者の健康の保持を考慮して一定の要件に該当する労働者に対し，医師による面接指導を行うこと。労働者は面接指導を受けること。

また，面接指導の結果に基づき，健康を保持するために必要な措置について，医師の意見を聴くこと，その意見を勘案し必要があると認めるときは，労働者の実情を考慮して，就業場所の変更，作業の転換等の適切な措置を講じること。（第66条の８）

これら面接指導を行う労働者以外で，健康への配慮が必要な労働者については，必要な措置を講ずるよう努めること。（第66条の９）

(オ) ストレスチェック

労働者に対し，医師，保健師その他の者（以下「医師等」という。）による心理的な負担の程度を把握するための検査（ストレスチェック）を行わなければならないこと。検査を受けた労働者に対し医師等から当該検査の結果が直接通知されるようにしなければならず，医師等はあらかじめ当該労働者の同意を得ないで，検査の結果を事業者に提供してはならないこと。

事業者は，通知を受けた労働者で，一定の要件に該当するものが医師によ

る面接指導を受けることを希望する旨を申し出たときは，当該申出をした労働者に対し，医師による面接指導を行わなければならないこと。この場合において，事業者は，労働者が当該申出をしたことを理由として，当該労働者に対し，不利益な取扱いをしてはならないこと。（第66条の10）

（カ）　健康管理手帳

　　　がん等重度の健康障害を生ずるおそれのある業務に従事していた者で一定の要件に該当する者に対しては，離職後の継続的な健康管理のため，離職の際又は離職の後に健康管理手帳を交付し，政府は離職後の健康管理に必要な措置を行うこと。（第67条）

エ　受動喫煙の防止

　事業者は，労働者の受動喫煙（室内又はこれに準ずる環境において，他人のたばこの煙を吸わされることをいう。）を防止するため，当該事業者及び事業場の実情に応じ適切な措置を講ずるよう努めること。（第68条の2）

オ　心身両面にわたる健康の保持増進

　労働者に対する健康教育及び健康相談等労働者の健康の保持増進を図るため必要な措置を継続的かつ計画的に講ずるよう努めること。労働者も事業者が講ずる措置を利用して，健康の保持増進に努めること。（第69条）

　また，体育活動，レクリエーション等の活動についての便宜を供与する等の必要な措置を講ずるよう努めること。（第70条）

　事業者の講ずべき措置に関して，厚生労働大臣は必要な指針を公表すること。（第70条の2）

（10）快適な職場環境の形成のための措置

　労働者がその生活時間の多くを過ごす職場について，疲労やストレスを感じることが少ない快適な職場環境を形成することは極めて重要である。

　このため事業者は，安全衛生の水準の向上を図るため，快適な職場環境を形成するように努めること。（第71条の2，第71条の3，第71条の4）

（11）事業場の安全又は衛生に関する改善措置等

ア　特別安全衛生改善計画

　　厚生労働大臣は，重大な労働災害が発生した場合において，再発を防止するため必要があると認めるときは，事業者に対し，その事業場の安全又は衛生に関する改善計画（以下「特別安全衛生改善計画」という。）を作成し，これを厚生労働大臣に提出すべきことを指示することができること。事業者は，特別安全衛生改善計画を作成しようとする場合には，労働組合等の意見を聴かなければならず，事業者及びその労働者は，特別安全衛生改善計画を守らなければならないこと。（第78条）

イ　安全衛生改善計画

　　労働災害の防止を図るため，総合的な改善措置を講ずる必要がある事業場については，都道府県労働局長は安全衛生改善計画の作成を指示し，その自主的活動によって改善を促すこと。（第79条）

ウ　コンサルタント制度等

　　事業場の安全衛生についての診断や指導を行う，国家資格に基づく労働安全・労働衛生コンサルタント制度が設けられていること。（第81条～第87条）

（12）計画の届出等

　一定の事業場や建設業等の仕事について，危害の発生が予想されるような設備が設けられたり，労働者の安全衛生を損なうような生産方法や工法等の採用が行われることをあらかじめチェックすることが必要である。このため，事業者に対し，

① 　一定の危険又は有害な機械等の設置等をするとき

② 　建設業又は土石採取業の仕事で特定のものを開始するとき

その計画を事前に厚生労働大臣（建設業の仕事で大規模なものに限る。）又は労働基準監督署長に届け出ること。また，工事又は仕事のうち一定のものの計画については，その作成時に有資格者を参画させなければならないこと。（第88条）

　なお，危険性・有害性の調査並びに安全衛生計画の策定及び当該計画の実施，評価，改善など労働安全衛生マネジメントシステム指針を踏まえて定める措置を適切に行っており，安全衛生水準が高いと労働基準監督署長が認定した事業者に対してはこの計画の届出の義務が免除されること。

(13) 罰則

　この法律の厳正な運用を担保するため，違反に対して罰則を規定している。（第115条の2～第115条の4，第116条，第117条，第118条，第119条，第120条，第121条，第122条，第122条の2，第123条）

　例えば，第119条では，第14条の規定に違反した者に対し，6月以下の懲役又は50万円以下の罰金に処するとしている。

　なお，同法においては，第122条で両罰規定を設けている。この規定は，法人の代表者又は法人若しくは人の代理人，使用人その他の従業者が，本条でいう各条の違反行為をしたときはその行為者として罰するほか，その法人又は人に対しても，所定の罰金刑を科すこととしている。

(14) 監督機関等

　ア　本法の遵守の確認をはじめ，災害防止及び健康確保等の行政目的の実現を目指し，厚生労働省，都道府県労働局，労働基準監督署に，労働基準監督官，産業安全・労働衛生専門官が配置されている。

　イ　労働基準監督官は，この法律の施行に必要があると認めるときは，事業場に立ち入り，関係者に質問し，帳簿，書類等を検査すること等ができる。また，法令に違反する事実があるときは，作業の全部又は一部や建設物等の全部又は一部の使用の停止，変更等を命ずることができるとされている。このほか，この法律に違反する罪について，刑事訴訟法の規定による司法警察員として職務を行う。（第91条，第92条，第98条，第100条）

　ウ　産業安全専門官及び労働衛生専門官は，労働者の危険又は健康障害を防止するため必要な指導及び援助を行うこととされており，必要があると認めるときは，事業場に立ち入り，関係者に質問し，帳簿，書類その他の物件を検査し，若しくは作業環境測定を行い，必要な限度で製品，原材料等を収去することができる。（第93条，第94条）

1 概要

労働安全衛生法（安衛法）

章	項目	条
第1章 総則	目的，定義，事業者の責務	1～5条
第2章 労働災害防止計画	労働災害防止計画の策定	6～9条
第3章 安全衛生管理体制	総括安全衛生管理者	10条
	安全管理者・衛生管理者・安全衛生推進者等	11～12条の2
	産業医	13条，13条の2
	作業主任者	14条
	統括安全衛生責任者	15条
	元方安全衛生管理者	15条の2
	店社安全衛生管理者	15条の3
	安全衛生責任者	16条
	安全・衛生委員会	17～19条
	安全管理者等への教育	19条の2
第4章 労働者の危険又は健康障害を防止するための措置		25条の2
	機械等の危険その他事業者の講ずべき措置等	20～27条
	技術上の指針等の公表	28条
	危険性・有害性等の調査等	28条の2
	元方事業者の講ずべき措置等	29条，29条の2
	特定元方事業者等の講ずべき措置	30，30条の2，30条の3
	注文者の講ずべき措置	31，31条の2，31条の3
	違法な指示の禁止	31条の4
	請負人の講ずべき措置等	32条
	機械等貸与者等の講ずべき措置等	33条
	建築物貸与者の講ずべき措置	34条
	重量表示，注文者等の措置を省令委任	35，36条
第5章 機械等並びに危険物及び有害物に関する規制	機械等⇒ 製造許可，製造時等検査等，検査証の交付等	37～39条
	使用等の制限	40条
	検査証の有効期間等	41条
	譲渡等の制限等	42～43条の2
	個別検定・型式検定，定期自主検査	44～45条
	登録製造時等検査機関の登録等	46～54条の6
	危険物，有害物⇒ 製造等の禁止，許可，表示，文書の交付等	55～57条の2
	表示義務対象物・通知対象物について事業者が行うべき調査等	57条の3
	化学物質の有害性の調査等	57条の4，58条
第6章 労働者の就業に当たっての措置	安全衛生教育	59～60条の2
	就業制限，中高年齢者等についての配慮等	61～63条
第7章 健康の保持増進のための措置	作業環境測定と結果の評価等	65～65条の4
	健康診断等	66条～66条の9
	ストレスチェック等	66条の10
	健康管理手帳	67条
	病者の就業禁止等	68条
	健康教育等	69～71条
第7章の2 快適な職場環境形成のための措置	事業者の講ずる措置	71条の2
	快適な職場環境形成のための指針の公表等	71条の3
	快適な職場環境形成のための国の援助	71条の4
第8章 免許等	免許，試験，指定試験機関等	72～75条の12
	技能講習，登録教習機関	76，77条
第9章 事業場の安全又は衛生に関する改善措置等	特別安全衛生改善計画等の作成指示・遵守	78，79条
	労働安全・衛生コンサルタントの安全衛生診断	80条
	労働安全・衛生コンサルタントの業務，試験，登録等	81～87条
第10章 監督等	計画の届出等	88条
	厚生労働大臣の審査等・都道府県労働局長の審査等	89，89条の2
	労働基準監督署長，労働基準監督官の権限，職務	90～92条
	産業安全専門官，労働衛生専門官の権限	93，94条
	労働衛生指導医	95条
	厚生労働大臣の権限等	96条～96条の3
	労働者の申告，不利益な取扱いの禁止	97条
	使用停止命令等	98，99条
	講習の指示，報告等	99条の2～99条の3，100条
第11章 雑則	法令等の周知，書類の保存等	101～103条
	健康診断等に関する秘密の保持，適用除外等	104～115条
第12章 罰則		115条の2～123条

図2-1　労働安全衛生法の構成

2　労働安全衛生法以外の労働災害に関する事業者責任

(1) 予防責任，安全配慮義務

　安全配慮義務は，事業者が労働者に対して負う民事上の義務であり，災害発生の「予見可能性」と「危険回避努力」により構成されている。事業者が自ら雇用する労働者の安全管理責任の法的根拠は，労働契約上の付随義務である。すなわち，雇用契約を結べば事業者には賃金支払い義務の外にその労働者の生命・身体・健康を失わないように注意すべき義務（安全配慮義務）があるとし，民法第415条は，事業者が注意すべき義務に違反して労働者が被災した場合，注意義務違反による損害を賠償することを負うことになり，債権者は，その不履行から生じた損害の賠償を請求することができるとしている。例えば，安全装置が設けられていないプレス機械を労働者に使用させていて，その労働者がそのプレス機械で負傷した場合，事業者は安全配慮義務を履行しなかったことになり「債務不履行」となって損害を賠償しなければならないことになる。

　安全配慮義務は，雇用関係が存在する場合にのみ認められるものでなく，元方事業者と下請事業者との間においても指揮監督を通じて安全配慮義務が成立する。この点，安全配慮義務を認めた判例は，「ある法律関係に基づいて特別な社会的接触の関係に入った当事者間において，当該法律関係の付随義務として当事者の一方又は双方が相手方に対して信義則上負う義務として一般的に認められるもの」（昭和50年２月25日最高裁第三小法廷決定）としている。

　なお，この安全配慮義務については，平成19年公布の労働契約法において「使用者は，労働契約に伴い，労働者がその生命，身体等の安全を確保しつつ労働することができるよう，必要な配慮をするものとする。」（第５条）と明文化され，労働契約に特段の根拠規定がなくとも，労働契約上の付随的義務として当然に使用者は安全配慮義務を負うことが規定された。

　予防責任としては，さらに前述の安衛法上の事業者責任が定められている。

(2) 災害補償責任

　これは予防責任をもってしても万一の労働災害が発生することがあるが，この場合，被災労働者やその家族が生活に困らないように保護する必要がある。事業者に責任があろうとなかろうと仕事上で被災したわけであるから，その生活の補償が必要となる。そこで，労働基準法及び労働者災害補償保険法（以下「労災保険法」と

2 労働安全衛生法以外の労働災害に関する事業者責任

表2-1 事業者の安全衛生に関する法的責任

1 予防責任	安全配慮義務	使用者の支配管理下にある物的，人的な労働災害発生の危険からの防止責任 →民事責任
	安衛法上の予防義務	労働災害防止のために予め定められた法令による事業者の災害防止措置責任 →刑事責任・行政指導
2 補償責任	労働基準法	業務災害についての災害補償責任 →無過失責任
	労災保険法	上記使用者の補償義務を国による強制保険で実施
3 賠償責任	当該事故について使用者に安全衛生管理上の違反（過失・不注意・不備－有責性）があったときに負う損害賠償責任 →民事責任	
4 死傷注意責任	刑法上の業務上過失致死傷罪	使用者が業務上必要とされる安全衛生上の注意を怠って労働者に死傷を発生させた場合 →刑事責任

いう。）によって使用者の無過失責任として，業務の遂行中（業務遂行性）に業務に内在する危険性が現実化して事故が発生（業務起因性）した場合には，労働者の治療と生活補償を目的とする補償を使用者に義務づけている。

現在ではこの補償責任は，労働基準法の規定に基づく休業補償の待機期間3日間分を除いてはすべて労災保険により補償されている（業務災害により休業した場合の待機期間の3日間は，事業主が労働基準法の規定により休業補償を行わなければならない。）。

（3）民事賠償責任

　これは，労働者に発生した労働災害について事業者に安全配慮義務違反や過失（民法第709条，第715条）や瑕疵（民法第717条）等の責任があれば無過失責任の災害補償だけでなく，その使用者の責任（有責性）に基づき，逸失利益や精神的な損害である慰謝料を含む民事上の損害賠償が求められるものである。

　最近は，労働災害が発生した場合，この民事上の賠償請求が必ずといってよいほど問題になり，「労災保険だけですむ」という時代ではなくなっている。

（4）刑事責任

　労働災害は，人の命や身体の傷害，健康の損傷を生ぜしめるという重大な人の法益を侵害する行為であるから，刑事上の責任が問題となる。これについては刑法第211条で「業務上必要な注意を怠り，よって人を死傷させた者は，5年以下の懲役もしくは禁錮または50万円以下の罰金に処する。」と定められている。

第3章　総括安全衛生管理者の職務

　総括安全衛生管理者の基本的な役割は，16ページに示したとおりであるが，その職務については安全管理者，衛生管理者などを指揮するとともに，以下の①から⑦の業務を統括管理することとされている。前述したように総括安全衛生管理者には，1人で安全衛生のすべてを管理することが求められるわけではない。総括安全衛生管理者は以下の業務が適切かつ円滑に実施されるよう，安全管理者，衛生管理者などにそれぞれの業務の履行状況の報告を求め，必要な改善等の措置を講じることを指示し，その実施状況を監督していくこと，すなわち，安全，衛生のそれぞれの管理者を指揮して事業場全体の安全衛生管理をマネジメントすることが総括安全衛生管理者の仕事なのである。

① 労働者の危険又は健康障害を防止するための措置に関すること
② 安全衛生教育の実施に関すること
③ 健康診断の実施その他健康の保持増進のための措置に関すること
④ 労働災害の原因の調査及び再発防止対策に関すること
⑤ 安全衛生方針の表明に関すること
⑥ リスクアセスメントとリスク低減措置に関すること
⑦ 安全衛生計画の作成，実施，評価及び改善に関すること

　安全管理者や衛生管理者などは，総括安全衛生管理者を補佐する者として位置づけられ，安全管理者であれば上記の業務のうち安全についての技術的事項，衛生管理者であれば衛生についての技術的事項を管理することになっており，具体的には，表3-1のような事項を実施することになる。

表3-1　安全管理者，衛生管理者等の業務

安全管理者	・建設物，設備，作業場所，作業方法に危険があるときの応急措置や防止措置 ・安全に関するリスクアセスメントとリスク低減措置 ・安全衛生計画の作成，実施，評価及び改善 ・安全装置，保護具等の選定と定期的な点検，整備 ・安全教育，訓練の実施 ・災害原因の調査及び対策の検討 ・緊急時における避難訓練等の対処措置 ・作業主任者等の指導 ・協力会社との連絡調整 ・安全に関する資料の作成，収集，重要事項の記録　など
衛生管理者	・設備，作業方法，衛生状態に有害のおそれのあるときに必要な健康障害防止措置 ・労働衛生に関するリスクアセスメントとリスク低減措置 ・安全衛生計画の作成，実施，評価及び改善 ・健康診断の実施と事後措置 ・作業環境測定とその評価に基づく改善 ・作業条件，施設等の衛生上の調査と改善 ・労働衛生保護具，救急用具等の選定と定期的な点検，整備 ・災害原因の調査及び対策の検討 ・労働衛生教育，健康相談等の実施　など
救護に関する技術的事項を管理する者	・労働者の救護に必要な機械等の備付け及び管理 ・労働者の救護に必要な事項の訓練の実施 ・爆発・火災等に備えて労働者の救護に必要な事項の実施

　総括安全衛生管理者は，安全衛生方針，安全衛生目標，安全衛生計画などの案が安全管理者，衛生管理者などの手によって作成されることが実際であるとしても，「安全衛生に関することは自ら決定し，その実施を統括管理するのは自分である。」ということを忘れてはならない。

　総括安全衛生管理者は，この決定にあたって適正な判断が下せるよう，平素から生産活動と安全衛生活動が一体化されているか，安全衛生管理の実態はどうなって

いるかなどを十分把握しておくことが必要である。

また，方針，目標，計画などができたら「後は安全衛生スタッフやラインに任せておけばよい」というわけにはいかない。自らが決定したことについては，実施されるまでこれをフォローし，必要な指揮・監督をしなければならない。安全衛生に関する最高責任者なのである。

総括安全衛生管理者の職務を各項目に沿ってみていくと，表3-2，表3-3に示す具体的な実施事項や確認事項が考えられる。

表3-2　安全管理者，衛生管理者の指揮

- 安全管理者，衛生管理者の任免
- 安全管理者，衛生管理者の具体的職務・措置権限の明確化，職務が遂行されていることの確認
- 複数の安全管理者，衛生管理者を選任する場合の担当する業務や職場の範囲の明確な指示
- 規模や業務による専任者の決定
- 安全管理者，衛生管理者からの報告の受理及び指示

表3-3　統括管理事項

労働者の危険又は健康障害を防止するための措置に関すること	・安衛法第4章に規定された措置及び第5章の規定のうち安衛則の第2編安全基準，クレーン則*等の使用・就業基準等に適合していることの確認（巡視を行う安全管理者からの報告の受理及び自らの安全衛生パトロール）及び是正事項の確認 ・安衛則の第3編衛生基準，有機則*，特化則*，電離則*，酸欠則*，粉じん則*等に適合していることの確認（巡視を行う衛生管理者からの報告の受理及び自らの安全衛生パトロール等）及び是正事項の確認 ・緊急を要する場合の適切な改善・指示 ・有資格者，作業主任者の適切な配置の確認 ・製造業（造船業を除く）の場合，関係請負人との間の作業間の連絡調整・クレーン等の運転について合図の統一などの実施の確認

	・関係請負人に対して法令違反しないよう必要な指導，指示実施の確認 ・化学設備等の改造，修理，清掃作業等で，設備の分解や内部への立入りを関係請負人に行わせるときの必要な文書の交付の確認 ・危険，有害な機械設備，保護具等について規格に適合したものを使用していることの確認 ・法定の検査（検査機関，検査業者による検査，定期自主検査）実施の確認
安全衛生教育の実施に関すること	・雇入れ時，作業内容変更時の安全衛生教育，特別教育（再掲），職長教育等の法定教育を含めて，教育の種類，対象者，実施時期，講師等を定めた年間の安全衛生教育実施計画の承認と実施の確認 ・外部の研修機関等を利用して確実に実施されているかの確認 ・講師の養成，適切な教材の選定等教育内容充実のための指導
健康診断の実施，健康の保持増進のための措置に関すること	・健康診断の実施及び有所見者に対する事後措置（就業場所の変更，作業の転換，労働時間の短縮など）の決定 ・ストレスチェックの実施及びその結果に基づく医師による面接指導等の実施の確認 ・長時間労働者に対する面接指導実施の確認 ・健康の保持増進計画，心の健康づくり計画の策定と計画的な実施の確認 ・個人の健康情報の取扱いルールの策定と遵守の確認 ・作業環境測定の実施と結果の評価及び環境改善の確認
労働災害の原因の調査，再発防止対策	・発生した労働災害についての迅速な把握，原因調査についての実施体制，調査内容等の指示 ・調査内容を踏まえて，具体的な再発防止対策の指示，水平展開の指示 ・再発防止対策について，各職場で講じた措置の確認 ・必要に応じて安全衛生管理体制の見直し

安全衛生に関する方針の表明	・次の事項を含んだ安全衛生方針の表明と周知 　1)　労働災害の防止を図ること 　2)　労働者の協力の下に，安全衛生活動を実施すること 　3)　法令，事業場において定めた安全衛生に関する規程等を遵守すること 　4)　労働安全衛生マネジメントシステムにより安全衛生水準の向上に努めること
危険性又は有害性等の調査及びその結果に基づき講ずる措置	・リスクアセスメント担当者の養成等実施体制の整備と実施方法の決定 ・リスクアセスメントが実施されていることの確認 ・優先度をつけたリスク低減措置の決定 ・残留リスクの労働者への周知の確認 ・対策の実施に必要な予算措置の決定 
安全衛生に関する計画の作成,実施,評価及び改善に関すること	・次の事項を含んだ安全衛生計画の決定 　1)　リスクアセスメントの実施結果により決定した措置の内容，実施時期に関すること 　2)　日常的な安全衛生活動の実施に関すること 　3)　安全衛生教育の内容及び実施時期に関すること 　4)　関係請負人に対する措置の内容及び実施時期に関すること

	5) 安全衛生計画の見直しに関すること
	・安全衛生計画実施の確認
	・安全衛生計画の実施状況等の日常的な点検,改善についての手順の決定と実施の確認
	・次回の安全衛生計画の作成に当たって,点検・改善結果の反映の確認

*クレーン則:クレーン等安全規則
  有 機 則:有機溶剤中毒予防規則
  特 化 則:特定化学物質障害予防規則
  電 離 則:電離放射線障害防止規則
  酸 欠 則:酸素欠乏症等防止規則
  粉じん則:粉じん障害防止規則

第4章 総括安全衛生管理者の統括管理事項

1 労働者の危険又は健康障害を防止するための措置

　この職務については，安衛法の第4章「労働者の危険又は健康障害を防止するための措置」のほか，第5章「機械等並びに危険物及び有害物に関する規制」のうち，事業者が労働者の危害防止に関して行うべき事項に係る措置を含むものとされているので，職務の範囲は広範囲にわたる。この職務を適切に行っていくためには，安全管理者，衛生管理者をはじめラインの管理者，労働者が一体となった安全衛生管理活動が必要となる。

　ここでは，主要な職務についてはやや詳しく解説し，職務全体については関係する法令の概略を**参考資料1**にまとめて紹介する。

（1）危険性又は有害性等の調査等（安衛則第3条の2第2号）

　安衛法第28条の2で事業者の努力義務とされているもので，いわゆるリスクアセスメントとその結果に基づくリスク低減措置の実施である。また，その適切かつ有効な実施を図るための指針が，同条第2項に基づき厚生労働大臣により公表されている。具体的には，「危険性又は有害性等の調査等に関する指針」（以下「リスクアセスメント指針」という。**参考資料2**参照）を基本指針として，「機械の包括的な安全基準に関する指針」（以下「機械包括安全指針」という。），「化学物質等による危険性又は有害性等の調査等に関する指針」（以下，「化学物質リスクアセスメント指針」という。）が基本指針に基づく詳細指針として公表されている。いずれの指針においても，リスクアセスメントの実施手順等は共通していて，図4－1に示すとおりとなっている。

　なお，労働安全衛生法の改正により，一定の危険有害性のある化学物質については，リスクアセスメントの実施が義務付けられている（詳細は65ページを参照）。

　ここでは基本指針となるリスクアセスメント指針の概要を説明する。

　リスクアセスメントは，設備，原材料，作業方法又は作業手順等を新規採用又は変更したときや，機械設備等の経年劣化や新たな安全衛生に係る知見の集積などにより，リスクが生じ，または生じるおそれがあるときに実施することとされている。

第4章　総括安全衛生管理者の統括管理事項

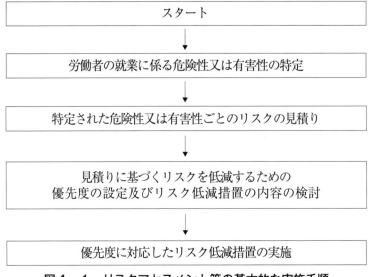

図4-1　リスクアセスメント等の基本的な実施手順

　リスクアセスメントを一度もしていない既存の機械設備や作業なども実施するべきである。

　リスクアセスメントの実施に際しては，使用する機械設備，原材料等のリスク情報，作業標準・作業手順等，ヒヤリハット事例や災害事例など必要な情報をあらかじめ収集しておく。この情報は定常作業ばかりでなく，非定常作業についても収集する必要がある。リスクの見積り等は，現場をよく知る職長等が中心となって行うが，内容が専門的である場合などは，必要に応じて社内外の専門家に協力を求めることも大切である。

　ア　危険性又は有害性の特定

　　　リスクアセスメントを実施するときに，例えば，機械等によるはさまれ・巻き込まれ，危険物による爆発火災，作業場所における墜落，転落，転倒など，多種多様な危険性又は有害性（ハザードという。）があるので，あらかじめ多種多様な危険性又は有害性を分類整理しておくことが必要である。この他にもISO，JISなどで定められた分類があるので，これらの分類を用いて危険性又は有害性の特定を行う。また，独自に定めた分類がある場合には，その分類をもとに危険性又は有害性を特定することもできる。

　イ　リスクの見積り

　　　リスクの見積りは，リスク低減措置を講ずる優先度を決定するために行われ

る。見積りは発生するおそれのある負傷又は疾病の重篤度とその発生可能性の度合いをそれぞれ考慮する。代表的な見積り例として，マトリクスを用いる方法，数値化による方法，リスクグラフによる方法などがある。ここでは，数値化による加点方法（**図4-2**）を紹介する。

この方法では，負傷又は疾病の重篤度と発生可能性の度合いのそれぞれに，あらかじめ配点を決めておく。リスクの見積りは，リスク低減措置を講じていく際の優先度を決めるためのものなので，配点については，全社的に統一された基準により決める必要があるが，定量的であるとか，細かくランク分けするとかいった厳密性は必ずしも必要ない。重篤度は基本的には休業日数等を尺度として用いる。例えば以下のように区分する。

① 致命的：死亡災害や身体の一部に永久損傷を伴うもの
② 重　大：1か月以上の休業災害や一度に複数の被災者を伴うもの
③ 中程度：1か月未満の休業災害や一度に複数の被災者を伴うもの
④ 軽　度：不休災害やかすり傷程度のもの

重篤度と可能性の度合の配点は，この例では死亡災害など重篤な災害の防止

（1） 負傷又は疾病の重篤度

致命的	重大	中程度	軽度
30点	20点	7点	2点

（2） 負傷又は疾病の発生可能性の度合い

極めて高い	比較的高い	可能性あり	ほとんどない
20点	15点	7点	2点

20点（重篤度「重大」）＋15点（可能性の度合い「比較的高い」）＝35点（リスク）の場合は，優先度は「高」となり，緊急的な対応が求められることになる。

リスク		優先度
30点以上	高	直ちにリスク低減措置を講ずる必要がある。 措置を講ずるまで作業停止する必要がある。 十分な経営資源を投入する必要がある。
10～29点以上	中	速やかにリスク低減措置を講ずる必要がある。 措置を講ずるまで使用しないことが望ましい。 優先的に経営資源を投入する必要がある。
10点未満	低	必要に応じてリスク低減措置を実施する。

図4-2　リスクの見積り（数値化による方法）

を最優先するということから，重篤度に重みを置いている。

　重篤度はどの程度になるか，発生可能性はどうかといった具体的な判断は，職場の職長等やリスクアセスメントの実務を担当する者などがよく協議して決定する。

ウ　リスク低減のための優先度の設定及びリスク低減措置の内容の検討

　リスク低減のための優先度は，リスクのランクの高い順に設定することになる。

　リスク低減の措置の内容は，図4－3の優先順位に従って検討する。検討に際しては，次の点に留意が必要である。

（ア）　法令に定められている事項は，確実に措置を講じなければならない。

（イ）　安易に③の管理的対策や④の個人用保護具の使用に頼るのではなく，①の危険な作業の廃止・変更等及び②の工学的対策をまず検討し，③及び④はその補完的措置と考える。③及び④のみの措置とするのは，①及び②の措置を講じることが困難でやむを得ない場合の措置となる。

（ウ）　死亡災害や重篤な疾病をもたらすおそれのある場合であって，適切なリスク低減措置を講じるまでに時間を要する場合は，そのまま放置することなく，暫定的な措置を直ちに講じる必要がある。

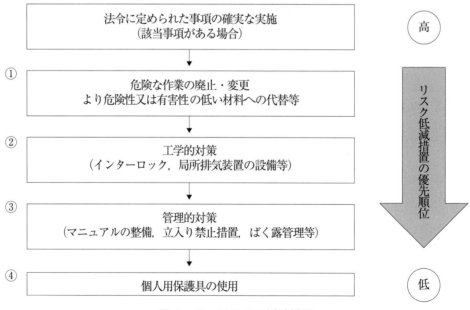

図4－3　リスクの低減措置

(エ) 措置を講じることにより新たなリスクが生じる場合もあるので，措置を講じた後のリスクも見積り，講じる措置の有効性や改善効果を確認する。

エ　リスク低減措置の実施

　リスク低減措置の内容が決まると，いつまでに改善するのか具体的な改善計画を作成して，必要な措置が確実に講じられるようにする。措置が講じられたら，改めて，作業者を含めてリスクを見積り，講じた措置の有効性や改善効果も確認する。また，措置後も残るリスク，いわゆる残留リスクがある場合についても，追加する措置があれば追加して改善する。作業者に対しては，これら一連の措置内容や残留リスクについて教育訓練などを通じ周知し徹底することが大切である。

　リスクアセスメントを行う際に参考となるものとして，厚生労働省から，作業ごとのリスクアセスメントマニュアルなども示されている。

　(http://www.mhlw.go.jp/bunya/roudoukijun/anzeneisei14/)

　また，厚生労働省のホームページ「職場のあんぜんサイト」では，インターネット上でリスクの見積りを容易にできるようリスクアセスメントの実施支援システムを公開している。(http://anzeninfo.mhlw.go.jp)

　このほか，厚生労働省が公表している各種セーフティ・アセスメントに関する指針も参考となる。この指針は，化学プラントの新設・変更等に際して，その安全性について事前に評価を行うものである。

(2) 機械による危険を防止するための措置

　機械による労働災害の防止のためには，法令に定められた規格の具備，検査・点検の実施とその結果に基づく整備などがまず求められる。また，原点に立ち戻って機械そのものの安全化を図るためには，設計・製造・使用のそれぞれの段階で必要な措置が講じられなければならない。

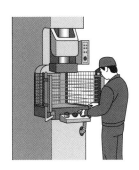

ア 機械による災害を防止するために

　機械による災害を防止するためには，柵や覆いなどのガードを設けて機械の動作範囲に人体の部位が入らないよう隔離すること（隔離の原則）や，インターロックなどにより機械が停止しているときだけ機械の動作範囲に人体の部位が入ることを許すこと（停止の原則）を考える必要がある。また，定期点検や日常点検により，これらの機能がいつも正常に働くように維持しておく必要がある。

イ 機械の安全化のために

　機械は，あらかじめどのように使われるかが想定されるので，まずは設計・製造段階で機械自体に隔離や停止の機能を組み込んで安全化を図り，使用段階でこうした機械を安全に使用することを原則とする。このため，すべての機械に適用できる「機械包括安全指針」が公表され，図4-4のように機械のメー

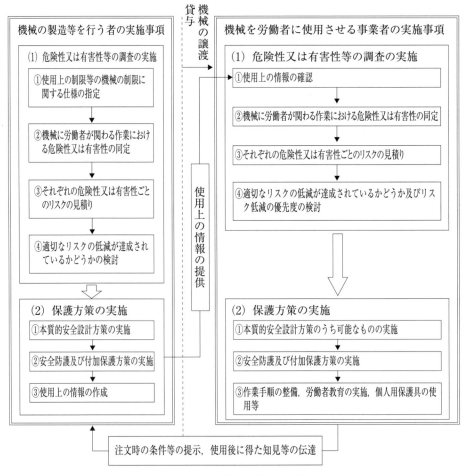

図4-4 機械の安全化の流れ

カー，ユーザーそれぞれが実施すべき事項が定められている。

(ア) 機械のメーカーが行うべきこと

機械を製造する者は，機械の設計・製造の段階においてリスクアセスメントを行い，必要な保護方策を施すことにより，適切なリスクの除去，低減を図る必要がある。

保護方策を検討する際は，必ず次に示す順序で検討する。

① 本質的な安全設計を行う。すきまにはさまれないように，身体の一部が入らない程度に狭くする，はさまれても負傷しない程度に駆動力を小さくする，保守点検作業を機械の動作範囲外から行えるようにすることなどの隔離措置を講じる。

② インターロック付きのガードや光線式安全装置などの停止措置を講じる。さらに非常停止装置などを付加する。

③ ①，②を行っても残留するリスクについては，警告表示を行ったり，どのように対処しなければならないかを含めて，「使用上の情報」としてユーザーに提供しなければならない。また，危険源とそれに対応した保護方策についての情報も「使用上の情報」に含めてユーザーに提供する。

(イ) 機械のユーザーが行うべきこと

機械のユーザーは，メーカーから提供された「使用上の情報」や，実際に機械を設置する環境，使用方法などを踏まえて再度リスクアセスメントを実施する。法令で定められた事項がある場合には，これを確実に実施するのはもちろん，リスクアセスメントの結果に応じてメーカーと同様の順序で必要な保護方策を施し，リスクが適切に低減されたことを確認する。さらに，残留リスクについては，作業手順の整備や教育訓練の実施などの管理的対策（労働者への情報伝達）を行ったうえで機械の使用を開始する。

リスクアセスメントを実施するうえで必要な情報がメーカーから提供されていない場合には，メーカーに情報を提供するよう求めなければならない。また，発注の段階でユーザーから積極的に安全に関する仕様をメーカーに提示するとともに，使用開始後に明らかになった安全に関する情報は，メーカーにフィードバックするようにする。

以上のことは新規に機械を導入するときを想定しているが，機械を改造したり，作業方法を変更したりする場合のように，新たなリスクが発生したりリスクが変化する可能性がある場合は，ユーザー側で同じようにリスクアセ

スメントを実施し，リスクを適切に低減する必要がある。

　また，既存の機械についても，計画的にリスクアセスメントを実施し，その結果に基づく適切なリスク低減措置を実施することが望まれる。

（ウ）体制の整備及び人材の養成

　リスクアセスメントに基づいて機械の安全化を図っていくためには，安全管理者や機械を使用するラインの管理者・職長，作業者などとともに，生産技術や保全担当部門の技術者がリスクアセスメントに参画して，その結果に基づく適切なリスク低減を図っていく必要がある。

　このため，ラインの管理者・職長，作業者はもちろん，生産技術や保全担当部門の技術者に対しても，機械安全に関する教育訓練を実施して人材を育てていく必要がある。

　また，ユーザーがリスクアセスメントを行う体制として，生産技術（工機）部門がリスクアセスメントの実施を管理し，効果的にリスク低減を行っている事例，生産性や品質の向上活動と一体となって機械の安全化を図っている事例等がある。

上記等の事例については，厚生労働省ホームページ（http://www.mhlw.go.jp/bunya/roudoukijun/anzeneisei14/）に掲載の「機械設備の安全化に係るリスクアセスメントデータ集Ⅰ（2005）〜Ⅲ（2007）」を参照。

ウ　機能安全による機械等の安全確保

　近年の電気・電子技術やコンピュータ技術等の進歩に伴い，機械，器具その他の設備（以下「機械等」という。）に対する高度かつ信頼性の高い制御が可能となってきていることを踏まえ，厚生労働省は，従来の機械式の安全装置等に加え，新たに電気・電子・プログラマブル電子制御の機能を付加することによって機械等の安全を確保する方策（機能安全）を労働安全衛生関係法令に位置づけ，安全規制の高度化を図ることとした。この機能安全については，平成28年9月に「機能安全による機械等に係る安全確保に関する技術上の指針」（平成28年厚生労働省告示第353号）が示されている。

（3）化学物質による健康障害の防止対策

ア　化学物質の製造等の禁止・許可・管理等の規制

　職場で幅広く取り扱われる化学物質のうち，労働者に健康障害を発生させる

おそれのあるものについては，健康障害の程度に応じ，安衛法において次のように規制されている。

① 製造，輸入，譲渡，提供，使用が禁止されているもの（ベンジジン，β－ナフチルアミン等）

② 製造に際し，厚生労働大臣の許可を受けなければならないもの（ジクロルベンジジン，PCB，ジアニシジン等）

③ その他製造・取扱い上の管理が必要なもの。

②及び③の化学物質については，有機溶剤中毒予防規則，特定化学物質障害予防規則等において，それぞれの物質の有害性，取扱い状況に応じて密閉設備，局所排気装置の設置，保護具の使用，健康診断の実施，有害性の表示等の講ずべき措置を定め，適切な管理を行うよう求めている。

イ 有機溶剤による中毒予防の規制

有機溶剤とは，種々ほかの物質を溶かす性質を持つ有機化合物の総称であり，さまざまな職場で，塗装，洗浄，印刷等の作業に幅広く使用されている。有機溶剤は，常温では液体だが，一般に揮発性が高いため，蒸気となって作業者の呼吸器から吸収されやすく，また，脂肪を溶かす性質があることから皮膚からも吸収される。

有機溶剤の濃度の高い蒸気を吸入すると中枢神経が作用を受けて急性中毒を引き起こすほか，低濃度であっても長期間吸入すると肝臓，造血器等に作用し慢性中毒を引き起こす。

有機則においては，有害性の程度等により有機溶剤を第1種，第2種及び第3種の3つに分類し，発散源を密閉する設備又は局所排気装置等の設置，作業主任者の選任，局所排気装置等の定期自主検査，作業環境測定，健康診断の実施，保護具の使用，貯蔵及び空容器の処理などについて規制している。

最近の有機溶剤中毒の発生例をみると，ほとんどが通気の不十分な場所での取扱い作業で発生している。その原因としては不十分な換気，呼吸用保護具の不使用，作業主任者の未選任のほかに，作業者に対する有機溶剤中毒防止のための労働衛生教育の不足などが指摘される。

有機溶剤中毒の大部分は，トルエン，キシレンなど第2種有機溶剤によって発生している。

なお，通常は有機溶剤として使用されている物質のうち，エチルベンゼン，

1,2-ジクロロプロパン，クロロホルムなど12の物質については，職業がんの原因となる可能性があるとされたことから，「特別有機溶剤」として特定化学物質障害予防規則で規制されている。

ウ　特定化学物質による障害予防の規制

特定化学物質（以下「特化物」という。）は労働者に職業がん，皮膚炎，神経障害などを発症させるおそれのある化学物質で，特化則により規制されている。

これらの化学物質による健康障害の予防対策について特化則では，①製造設備の密閉化，作業規程の作成などの措置を条件とした製造の許可を必要とする「第1類物質」，②製造若しくは取り扱い設備の密閉化又は局所排気装置等の設置などの措置を必要とする「第2類物質」，及び③主として大量漏えい事故の防止措置を必要とする「第3類物質」に分類して，健康障害の防止措置を規定している。

(ア)　特定化学物質の発散の防止

特化物による健康障害を防止するうえでは，労働者の特化物へのばく露を防止することがもっとも重要かつ基本的な対策である。

特化則では，特化物の蒸気，粉じんなどが発散する場所において，発散源の密閉化，局所排気装置等の設置など発散源に対して講ずべき措置を具体的に定めている。

(イ)　漏えいの防止

設備の異常や誤操作により特化物が漏えいして被災する例が多くみられる。このため特定化学設備（第3類物質又は第2類物質のうちの特定のものを内部に保有する定置式の設備をいう。）の材料は腐食しにくいものとし，バルブやコックの材質は耐久性のあるものとするよう規定されている。

また，特定化学設備の取扱いでは，誤操作を防止するため，バルブやコックについては開閉の方向などを表示することとされ，さらに，あらかじめ作業方法や手順などを適切かつ確実なものとするなどの作業規程を定め，これに従って作業を行うこととされている。

(ウ)　発がん性物質等に関する特別な管理

第1類物質及び第2類物質のなかには，職業がんなど労働者に重度な健康障害を生ずるおそれがあり，その発症までに長い期間がかかるものがある。

特化則ではこれらを「特別管理物質」として，次のような措置を講ずるよう規定している。

① 人体へ及ぼす作用，取扱い上の注意事項を作業場に掲示
② 作業の記録の作成及びその30年間の保存
③ 作業環境測定の結果及び健康診断結果の30年間の保存

(エ) 一酸化炭素中毒の予防

特化物による中毒のなかで特に多いのが第3類物質である一酸化炭素による中毒である。一酸化炭素は極めて毒性が強く，死に至ることも多い。特化則では一酸化炭素の製造，取扱いについて規制しているが，実際に発生した災害をみると，自然換気が不十分な場所でのガソリンエンジン等の内燃機関や火気等の使用により発生したものが原因として目立っている。

対策としては，閉塞空間や自然換気の不十分な場所では内燃機関等の使用を避けること，やむを得ず使用する場合には十分な換気を行い，一酸化炭素が滞留しないようにすること，また，内部に立ち入る際はあらかじめ十分な換気が行われたことを検知器等で確認することである。

(オ) 労働衛生教育，衛生管理体制

特化物を取り扱う作業については，作業者が取り扱う化学物質の有害性，中毒等の予防対策について十分に理解するよう，労働衛生教育を行うことが必要である。また特化物を取り扱う作業については特定化学物質作業主任者を選任し，作業の指揮，局所排気装置等の点検，保護具の着用状況の確認など現場において必要な労働衛生管理に当たらせる。

エ 化学物質等の危険有害性表示及び文書交付制度

化学物質等による労働災害には，事業者及び労働者が化学物質等の危険有害性，適切な取扱い方法等を知らなかったことを原因とするものがみられる。

この背景には，化学物質等の危険有害性を外見から判断することが非常に困難であること，化学物質等はさまざまな種類のものが事業場で使用されていること，事業者及び化学物質等を取り扱っている労働者に化学物質等の危険有害性等に関する情報が十分に周知されていないこと等がある。

化学物質等の危険有害性表示制度は，国際的には，平成2年，国際労働機関（ILO）において化学物質等の危険有害性の周知を主な内容とする「職場における化学物質の使用の安全に関する条約（第170号条約）」が採択され，平成15年

※菱形枠は赤色，中のシンボルは黒色が用いられる。
※上記の明朝字体は物理化学的危険性，上記のイタリック字体は健康および環境有害性。

図4－5　危険有害性を表す絵表示

には，「化学品の分類及び表示に関する世界調和システム（GHS）に関する国連勧告」が出され，個々の化学物質について，危険有害性の分類項目ごとに，それぞれの危険有害性の程度を区分し，その区分に応じた絵表示，注意喚起語，危険有害性情報等を表すこととされた。（図4－5）

わが国においても，化学物質等の危険有害性等の情報を提供する仕組みとして，容器等への危険有害性の表示，安全データシート（SDS）の交付等が義務づけられていたが，このような国際的な動向を踏まえて，安衛法の改正により，平成18年12月に，GHS国連勧告等の内容が取り入れられた。

安衛法第57条における容器等への表示義務については，労働安全衛生法施行令第18条で定められている。また，表示内容は，名称，人体に及ぼす作用・安定性及び反応性，標章（絵表示）などとなっている。

安衛法第57条の2における文書（SDS）の交付についても同様で，安衛法第56条に基づく製造許可物質に加え労働安全衛生法施行令第18条の2で定められて

いる(通知対象物)。記載内容は,名称,成分及びその含有量,物理的及び化学的性質,人体に及ぼす作用,貯蔵又は取り扱い上の注意,流出その他の事故が発生した場合において講ずべき応急の措置に加え,GHS国連勧告等を踏まえて,危険性又は有害性の要約,安定性及び反応性,標章(絵表示),適用される法令等となっている。

表4-1　SDSの記載事項

1	名称
2	通知を行う者の氏名(法人にあっては,その名称),住所及び電話番号
3	危険有害性の要約
4	成分及びその含有量
5	流出その他の事故が発生した場合において講ずべき応急の措置
6	貯蔵又は取扱い上の注意
7	物理的及び化学的性質
8	安定性及び反応性
9	人体に及ぼす作用
10	適用される法令
11	その他必要な情報

オ　化学物質等による危険性又は有害性等の調査

化学物質等による危険又は健康障害を未然に防ぐためには,「化学物質等による危険性又は有害性等の調査等に関する指針」(以下「化学物質リスクアセスメント指針」という。)に基づき,職場におけるリスクアセスメントを実施し,その結果に基づいて労働者の危険又は健康障害を防止するための措置を講じることが必要であり,平成28年より,前述の通知対象物について実施が義務化された。

化学物質リスクアセスメント指針は,化学物質等に関する詳細事項を定めたものであるが,基本的な考え方や進め方は,前述のリスクアセスメント指針と同様であるので,以下では重複する部分は省略して述べることとする。

(ア)　実施体制・実施時期等

リスクアセスメントの実施時期は,「化学物質等を原材料等として,新規に採用し,又は変更するとき」「化学物質等を製造し,又は取り扱う業務に係る

作業の方法又は手順を新規に採用し，又は変更するとき」「化学物質等による危険性又は有害性等について変化が生じ，または生じるおそれがあるとき」に実施する必要がある。

また，化学物質等に係る労働災害が発生した場合であって，過去のリスクアセスメントの内容に問題がある場合や前回から一定期間経過し新たな知見が得られたとき，過去にリスクアセスメントを実施したことがないとき等については，計画的にリスクアセスメントを実施し，職場にあるリスクを継続的に除去・低減していくことが重要である。

(イ)　対象の選定と情報の入手

事業場における「化学物質等による危険性又は有害性等」を対象とする。

リスクアセスメントを実施する場合に事前に入手する必要がある情報としては，SDS，関連する機械設備等についての危険性又は有害性に関する情報，作業標準・作業手順書等，作業環境測定結果，特殊健康診断結果，生物学的モニタリング結果，個人ばく露濃度の測定結果などがある。また，新たな化学物質等の提供等を受ける場合には，当該化学物質等を譲渡し又は提供する者から，該当するSDSを入手することが必要である。

(ウ)　危険性又は有害性の特定

作業標準等に基づき，化学物質等による危険性又は有害性を特定するために必要な単位で作業を洗い出したうえで，GHS国連勧告で示されている危険性又は有害性の分類等に則して，各作業における危険性又は有害性を特定する。この分類については事業場で独自のものがある場合には，それを用いても差し支えない。

(エ)　リスクの見積り

リスクの見積りは，化学物質等により労働者に危険を及ぼし，または健康障害を生ずるおそれの程度（発生可能性）および危険又は健康障害の程度（重篤度）を考慮する方法，労働者が化学物質にさらされる程度（ばく露の程度）及び化学物質等の有害性の程度を考慮する方法などがある。

なお，化学物質等に係る危険又は健康障害を防止するための具体的な措置が安衛法令等に規定されている場合，これらの規定を確認することにより，リスクアセスメントに準じる方法とすることができる。

(オ)　リスク低減措置の検討及び実施

リスクの見積りによりリスク低減の優先度が決定すると，その優先度に

1 労働者の危険又は健康障害を防止するための措置

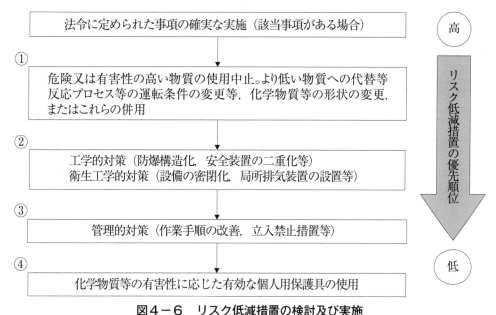

図4-6 リスク低減措置の検討及び実施

従ってリスク低減措置の検討を行う。

　法令に定められた事項がある場合にはそれを必ず実施するとともに，図4-6に掲げる優先順位でリスク低減措置の内容を検討のうえ，実施する。
（カ）リスクアセスメント結果等の労働者への周知

　事業者は，対象の化学物質の名称，業務の内容，リスクアセスメントの結果，実施するリスク低減措置の内容等を労働者に周知する。

(4) 石綿 (アスベスト) による健康障害の防止対策

　石綿の種類は，白石綿（クリソタイル），青石綿（クロシドライト），茶石綿（アモサイト），トレモライト，アクチノライト，アンソフィライトで，これらの石綿及びその重量の0.1％を超えて含有する物は製造・使用が禁止されており，これらを使用している建築物等の解体についても石綿障害予防規則等により規制されている。

　石綿は，その繊維を吸入すると石綿肺，肺がん，中皮腫等の重度の健康障害を誘発することが明らかになっている。石綿による労災認定件数も増加している。厚生労働省の発表によると，平成27年度の肺がん及び中皮腫の労災認定件数（速報値）は，肺がんが360人，中皮腫が539人など計899人と前年度より若干減少したものの，依然として高い水準にある。

ア　石綿障害予防規則

　石綿に係る規制として，石綿障害予防規則（以下「石綿則」という。）が平成17年２月に公布され，７月に施行された。この規則は，従来からの石綿含有製品の製造や使用以外に，建築物等の解体等作業による石綿ばく露による健康障害を未然に防止するために制定されたものである。

　なお，石綿則は，建設物の解体等の作業の実態，科学的知見の集積状況等を踏まえ，石綿ばく露防止対策が充実されており，平成21年の改正では鋼製の船舶の解体等の作業に係る措置も追加された。

イ　健康診断

　安衛法第66条，石綿則第40条，じん肺法第７条等において石綿製造又は取扱い従事者に健康診断を義務づけている。

　石綿製造又は取扱い従事者に対しては，一般健康診断，（雇入時健康診断，定期健康診断）のほかに石綿健康診断，じん肺健康診断を行わなければならない。一般健康診断は全労働者を対象とした健康診断であるが，石綿及びじん肺健康診断は，石綿製造又は取扱い従事者を対象とした健康診断である。石綿健康診断は６か月以内ごとに１回定期に実施している。健康診断結果は，40年間の記録の保存が義務づけられている。

ウ　健康管理手帳

　安衛法第67条では，がんその他の重度の健康障害を生ずるおそれのある業務に従事し，一定の要件に該当する者は，離職の際に，又は離職の後に都道府県の各労働局に申請すると，健康管理手帳の交付を受けることができる。健康管理手帳の交付を受けると，指定された医療機関で，６か月に１回，無料で健康診断を受けることができる。石綿に関するこの手帳の交付対象者は，石綿等を製造し，又は取り扱う業務に従事した者で，以下に該当する者である。

① 両肺野に石綿による不整形陰影があり，又は石綿による胸膜プラーク（胸膜肥厚）があること。

② 石綿等の製造作業，石綿等が使用されている保温材等の張付け，補修除去等の作業，石綿等の吹付けの作業又は石綿等が吹き付けられた建築物等の解体等の作業（吹き付けられた石綿の除去の作業を含む）に１年以上従事した経験を有し，かつ，初めて石綿等の粉じんにばく露した日から10年以上を経

過していること
③ 石綿等を取り扱う作業（①の作業を除く）に10年以上従事した経験を有していること
④ ①及び②に掲げる要件に準ずる者として厚生労働大臣が定める要件（平成19年厚生労働省告示第292号）に該当すること

(5) 粉じん障害の防止対策

　じん肺は，古くから知られている代表的な職業性疾病であるにもかかわらず，じん肺及びじん肺合併症による業務上疾病者数は，減少傾向にはあるものの，依然として多い状況にある。このような粉じんによる障害を防止する対策としては，①粉じんの発散防止対策及び粉じんへのばく露を低減するための対策，②粉じん作業従事労働者の離職後も含めた健康管理が重要であり，それらの対策は，それぞれ粉じん則及びじん肺法に規定されている。

　また，厚生労働省では，粉じん障害防止対策をさらに推進するため，平成25年2月に5か年を計画期間とする「第8次粉じん障害防止総合対策」を策定した。この総合対策では，ずい道等建設工事，アーク溶接作業，金属等の研ま作業及び離職後の健康管理を重点とする「粉じん障害を防止するため事業者が重点的に講ずべき措置」を示している。ずい道等建設工事を除く概要は次のとおりである。

ア　アーク溶接作業に係る粉じん障害防止対策
（ア）改正粉じん則及び改正じん肺法施行規則の内容に基づく措置の徹底
　　　平成24年施行の粉じん則の改正により，屋外で金属をアーク溶接する作業場においても，作業場以外の場所に休憩設備を設ける等しなければならないこととなった（粉じん則第23条）。また，同年施行のじん肺法施行規則の改正により，金属をアーク溶接する作業について，屋外でのみ行う者やその大半が屋外であり屋内での作業に常時性が認められない者に対しても，じん肺法に定める健康診断を実施し，また，これらの者に関する健康管理実施状況報告を提出する必要がある（じん肺則第37条）ので，これらの措置を確実に講じる。

　　　アーク溶接作業は，じん肺にかかるおそれがある「粉じん作業」であることを認識するとともに，労働者に対し，当該作業が粉じん作業であり，当該作業に従事する労働者は有効な呼吸用保護具を使用する必要があること等の

周知徹底を図るため、その要旨を記したものを、アーク溶接の作業場の見やすい場所への掲示、粉じん障害防止総合対策推進強化月間及び粉じん対策の日を活用した普及啓発等を実施する。

なお、当該事項の周知徹底については、衛生委員会等も活用する。

(イ) 局所排気装置、プッシュプル型換気装置等の普及を通じた作業環境の改善

屋内でアーク溶接作業を行う場合、全体換気装置による換気の実施又はこれと同等以上の措置を講じなければならない。この措置に当たっては、より効果的に粉じんの発散防止を図るため、局所排気装置、プッシュプル型換気装置、ヒューム吸引トーチ等を使用することが望ましい。

(ウ) 呼吸用保護具の着用の徹底及び適正な着用の推進

労働者に有効な呼吸用保護具を使用させるため、次の措置を講じる。

① 保護具着用管理責任者の選任

作業場ごとに、「保護具着用管理責任者」を、衛生管理者、安全衛生推進者又は衛生推進者等労働衛生に関する知識、経験等を有する者から選任する。

② 呼吸用保護具の適正な選択、使用及び保守管理の推進

平成17年2月7日付け基発第0207006号「防じんマスクの選択、使用等について」に基づき、「保護具着用管理責任者」に対し、次の適正な選択、使用及び保守管理を行わせる。

a 呼吸用保護具の適正な選択、使用、顔面への密着性の確認等に関する指導

b 呼吸用保護具の保守管理及び廃棄

c 呼吸用保護具のフィルタの交換の基準を定め、フィルタの交換日等を記録する台帳を整備すること等フィルタの交換の管理

(エ) 電動ファン付き呼吸用保護具の使用について

電動ファン付き呼吸用保護具は、防じんマスクと比べて、一般的に防護係数が高く労働者の健康障害防止の観点からより有用であることから、そ

の着用が義務付けられている特定の作業以外の作業においても，その防護係数等の性能を確認した上で，これを着用することが望ましい。

(オ) 健康管理対策の推進

① じん肺健康診断の実施の徹底

じん肺法に基づき，じん肺健康診断を実施し，毎年じん肺健康管理実施状況報告を提出する。また，事業者は，じん肺健康診断の結果に応じて，当該事業場における労働者の実情等を勘案しつつ，粉じんばく露の低減措置又は粉じん作業以外の作業への転換措置を行う。

② じん肺有所見労働者に対する健康管理教育等の推進

じん肺有所見労働者のじん肺の増悪の防止を図るため，産業医等による継続的な保健指導を実施するとともに，「じん肺有所見者に対する健康管理教育のためのガイドライン」に基づく健康管理教育を推進する。

さらに，じん肺有所見労働者は，喫煙が加わると肺がんの発生リスクがより一層上昇すること，一方，禁煙により発生リスクの低下が期待できることから，じん肺有所見労働者に対する肺がんに関する検査（胸部らせんCT検査及び喀痰細胞診）の実施及びじん肺有所見労働者に対する積極的な禁煙の働きかけを行う。

(カ) じん肺に関する予防及び健康管理のための教育の徹底

アーク溶接作業に常時従事する労働者に対しては，じん肺に関する予防及び健康管理のために必要な教育を実施しなければならない（じん肺法第6条）。この教育は，粉じん作業特別教育の科目に準じて実施する。

イ 金属等の研ま作業に係る粉じん障害防止対策

(ア) 特定粉じん発生源に対する措置の徹底等

金属等の研ま作業に係る特定粉じん発生源（粉じん則別表2に掲げる箇所をいう。以下同じ。）については，局所排気装置又はプッシュプル型換気装置の設置の措置等を講じるとともに，粉じん則第10条に基づき，除じん装置を設置する。

(イ) 局所排気装置等の普及を通じた作業環境の改善

屋内で手持式又は可搬式動力工具を用いて金属等の研磨作業を行う場合には，前記ア（イ）と同様の措置が望ましいため，その実施を図る。

(ウ) 局所排気装置等の適正な稼働並びに検査及び点検の実施
　① 局所排気装置等における検査・点検責任者の選任
　　局所排気装置，プッシュプル型換気装置又は除じん装置のそれぞれの設備ごとに，局所排気装置等の定期自主検査者講習を修了した者から「検査・点検責任者」を選任する。
　② 局所排気装置等の検査及び点検の実施
　　選任した「検査・点検責任者」に対し，局所排気装置，プッシュプル型換気装置又は除じん装置について，定期自主検査及び点検を行わせるとともに，当該検査・点検の結果に基づく補修等の必要な措置を講じる。
(エ) 作業環境測定の実施及びその結果の評価に基づく措置の徹底
　粉じん則の規定に基づき，作業環境測定を実施するとともに，作業環境評価基準（昭和63年労働省告示第79号）に基づき評価し，第３管理区分又は第２管理区分に区分された作業場については，施設，設備，作業工程及び作業方法の点検を行い，その結果に基づき，作業環境を改善するために必要な措置を講じる。
(オ) 特別教育の徹底
　特定粉じん作業（粉じん発生源が特定粉じん発生源である粉じん作業をいう。）に常時従事する労働者に対し，粉じん則の規定に基づき，特別教育を実施する。
(カ) 呼吸用保護具の着用の徹底及び適正な着用の推進
　局所排気装置等の設置を要しない場合には，事業者は，アの（ウ）と同様の措置を講じる。
(キ) たい積粉じん対策の推進
　① たい積粉じん清掃責任者の選任
　　粉じん則の規定に基づく粉じん作業を行う場所の清掃を行う責任者として，「たい積粉じん清掃責任者」を選任する。
　② たい積粉じん除去のための清掃の推進
　　選任した「たい積粉じん清掃責任者」の指揮の下で，毎日の清掃及び１月に１回以上，定期に，たい積粉じん除去のための清掃を行わせる。
(ク) 健康管理対策の推進
　事業者は，アーク溶接作業に係る前記ア（オ）と同様の措置を講ずる。

ウ　離職後の健康管理

　　アーク溶接作業又は金属等の研ま作業をはじめ，粉じん作業に従事し，じん肺管理区分が管理2又は管理3の離職予定者に対し，「離職するじん肺有所見者のためのガイドブック」（以下「ガイドブック」という。）を配布するとともに，ガイドブック等を活用し，離職予定者に健康管理手帳の交付申請の方法等について周知する。

　　その際，特に，じん肺合併症予防の観点から，積極的な禁煙の働きかけを行う。定期的な健康管理の中で禁煙指導に役立てるため，粉じん作業に係る健康管理手帳の様式に，喫煙歴の記入欄があることに留意する。

　　また，粉じん作業に従事させたことがある労働者が，離職により事業者の管理から離れるに当たり，雇用期間内に受けた最終のじん肺健康診断結果証明書の写し等，離職後の健康管理に必要な書類をとりまとめ，求めに応じて労働者に提供する。

（6）総合的な安全衛生管理〜請負労働者の安全衛生確保〜

　製造業などでは，近年，業務請負が増え，構内にある設備の修理・解体など危険性及び有害性の高い作業を関係請負人に請け負わせて作業をすることが多く，設備の状況もよく分からずに1つの場所で複数の請負人などが混在して作業を行うので，労働災害発生の要因となっている。こうした作業では，一般に，設備の所有者である製造業などの事業者が，仕事の一部を自ら行うとともに，一部を関係請負人に請け負わせて行う場合が多い。この場合，製造業などの事業者は，安衛法上，元方事業者であるとともに一次下請けに関しては注文者としての義務を負うことになる。また，一次下請けは二次下請けの注文者となる。

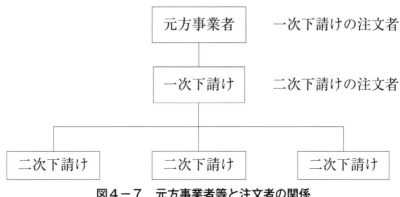

図4-7　元方事業者等と注文者の関係

元方事業者は，その労働者及び関係請負人の労働者の作業が同一の場所において行われることによって生ずる労働災害を防止するため，次の措置を講じることが安衛法で定められている。

ア　関係請負人及びその労働者に労働安全衛生法令の規定に違反しないよう，必要な指導を行うこと。違反していると認めるときは，是正のための必要な指示を行うこと。また，この指示を受けた関係請負人又はその労働者はその指示に従うこと。（安衛法第29条）

イ　その労働者及び関係請負人の労働者の作業が同一の場所において行われることによって生ずる労働災害を防止するため，作業間の連絡調整を行うことに関する措置その他必要な措置を講じること。（安衛法第30条の２）
　　作業間の連絡調整の具体的措置の例を示す。

表４－２　元方事業者が講ずべき措置対策

混在作業の状況	元方事業者が講ずべき措置対策
同一の機械等について，ある関係請負人が運転を，別の関係請負人が点検等を行う場合	それぞれの作業の開始又は終了に係る連絡，作業を行う時間帯の制限等の措置
複数の関係請負人がそれぞれ車両系荷役運搬機械等を用いた荷の運搬等の作業を行う場合	作業経路の制限，作業を行う時間帯の制限等の措置
ある関係請負人が有機溶剤の塗装を，別の関係請負人が溶接を行う場合	通風・換気，防爆構造による電気機械器具の使用等についての指導，作業を行う時間帯の制限等の措置
ある関係請負人が別の関係請負人の使用する通路等に設けられた手すりを取り外す場合等	その旨の別の関係請負人への連絡，必要な災害防止措置についての指導等の措置
その他元方事業者と関係請負人相互が混在作業を行う場合	当該混在作業によって生ずる労働災害の防止を図るために必要な措置

その他必要な措置としては，クレーン等の合図の統一，有機溶剤等の容器の集積

箇所の統一，警報の統一などがある。

　このほか「製造業における元方事業者による総合的な安全衛生管理のための指針」（平成18年8月1日付け基発第0801010号，概要は**参考資料5**参照。）において，総合的な安全衛生管理のための体制の確立，安全衛生計画の作成と実施などの元方事業者の実施すべき事項，元方事業者との連絡調整等を行う責任者の選任など関係請負人が実施すべき事項が具体的に定められている。

　また，注文者としては，次の措置を講じることが定められている。

ア　化学物質等を製造し又は取り扱う化学設備，特定化学設備及びその付属設備で，改造，修理，清掃等でその設備を分解する作業又は設備の内部に立ち入る作業に係る仕事の注文者は，その物について，仕事に係る労働者の労働災害を防止するため必要な措置を講じなければならない。（安衛法第31条の2）

　　必要な措置は安衛則第662条の3及び第662条の4に次のように定められている。

(ア)　安衛法第31条の2の注文者（その仕事を他の者から請け負わないで注文している者に限る。図4-7の場合では元方事業者となる。）は，以下の事項を記載した文書を作成し，請負人に交付することとされている。この文書の作成については，電子計算機による情報処理の用に供される電磁的記録に代えてもよいとされている。

①　安衛法第31条の2に規定する物の危険性及び有害性
②　当該仕事の作業において注意すべき安全又は衛生に関する事項
③　当該仕事の作業について講じた安全又は衛生を確保するための措置
④　当該物の流出その他の事故が発生した場合において講ずべき応急の措置

(イ)　安衛法第31条の2の注文者（その仕事を他の者から請け負わないで注文している者を除く。図4-7の場合は一次下請けの者。）は，交付を受けた文書の写しをその請負人に交付することとされている。

(ウ)　これらの文書の交付は，請負人が作業を開始するときまでに行わなければならない。

イ　注文者は，その請負人に対し，当該仕事に関し，その指示に従って当該請負人の労働者を労働させたならば，この法令の規定に違反することとなる指示をしてはならない。（安衛法第31条の4）

第4章　総括安全衛生管理者の統括管理事項

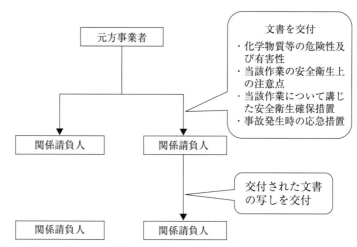

図4-8　危険性及び有害性等の情報の提供

　多くの協力会社に支えられて事業が行われている大手の製造業などでは，自らの労働者と協力会社の労働者の安全衛生の確保のため，共に働く仲間として，上述した法令や行政の指針に基づいて，それぞれが協力し支えあっていくことが何よりも大切なことである。

（7）派遣労働者の安全衛生管理

　労働者派遣法が改正され，平成16年3月1日から製造業務への労働者派遣が可能となった。

　製造業務では，派遣の認められている他の業務に比べ，危険な機械や有害な化学物質を取り扱うことも多く，派遣先の職場環境に不慣れなこともあり，危険有害業務に就く場合などには，特に安全衛生上の配慮が必要とされる。派遣労働者の安全と健康を確保するために，派遣元，派遣先の事業者は，それぞれ労働者派遣法，安衛法に基づき，必要な措置を講じなければならない。

　派遣元又は派遣先が負うべき責任，措置すべき事項は，**参考資料6**に示すとおりである。

2　労働者の安全衛生のための教育の実施

（1）安全衛生教育の種類

　法令で義務づけられている労働者の就業に当たっての安全衛生教育（安衛法第59条，第60条関連）は次のとおりである。

ア 労働者を雇い入れたとき,その従事する業務に関する安全又は衛生のための教育(第59条)(雇入時教育)

イ 労働者の作業内容を変更したときは,作業内容変更に関する安全又は衛生のための教育(第59条第2項)(作業内容変更時教育)

ウ 危険又は有害な業務に就かせるときは,当該業務に関する安全又は衛生のための特別の教育(第59条第3項)(特別教育)

エ 新たに職務に就くこととなった職長等に対して,作業方法の決定及び労働者の配置に関すること,労働者に対する指導又は監督の方法等に関する教育(第60条)(職長等教育)

オ 労働災害の防止のための業務に従事する者に対し,当該業務に関する能力の向上を図るための教育,講習又はこれらを受ける機会の付与(第19条の2)(能力向上教育)

カ 事業場における安全衛生水準の向上を図るため,危険有害業務に現に就いているものに対し,その従事する業務に関する安全衛生教育(第60条の2)(危険有害業務従事者教育)

また,上記ア〜カの法定教育以外の教育で事業者等が実施するものは次のとおりである。

キ 危険有害業務に初めて従事する者に対する特別教育に準じた教育

ク 就業制限業務又は特別教育を必要とする危険有害業務に従事する者に対する危険再認識教育

ケ 一定年齢に達した労働者に対する高齢時教育

コ 安全推進者,職長等に対する能力向上教育に準じた教育

サ 作業指揮者に対する指名時の教育

シ 安全衛生責任者に対する選任時の教育

ス 交通労働災害防止担当管理者教育

セ 荷役災害防止担当者教育

ソ 危険性又は有害性の調査担当者・労働安全衛生マネジメントシステム担当者教育

タ 化学物質管理者教育

チ 健康保持増進措置を実施するスタッフ養成専門研修

ツ 事業場内産業保健スタッフ等に対するメンタルヘルスケアを推進するための教育研修

テ 特定自主検査に従事する者に対する能力向上教育に準じた教育

ト　生産・施工部門の管理者，設計技術者等に対する技術者教育
　ナ　経営トップ等に対する安全衛生セミナー
　ニ　労働安全コンサルタント，労働衛生コンサルタント等の安全衛生専門家に対する実務向上研修
　ヌ　就職予定の実業高校生に対する教育
　これらの教育の対象者ごとに実施する教育の種類，実施時期は，**表4－3**のとおりである。

（2）安全衛生教育の方法

　事業者は，教育の実施に当たっては，次により計画的な実施と教育内容等の充実を図ることが必要である。

　ア　実施計画の作成
　　　教育の種類ごとに，対象者，実施日，実施場所，講師及び教材等を定めた年間の実施計画を作成する。なお，企業においては，労働者の職業生活を通じての継続的な教育を実施するため，中長期的な推進計画を作成することが望ましい。

　イ　実施結果の保存
　　　教育を実施した場合は，台帳等にその結果を記録し，保存する。

　ウ　実施責任者の選任
　　　実施計画の作成，実施，実施結果の記録・保存等教育に関する業務の実施責任者を選任する。

　エ　教育内容の充実
　　　教育内容の充実のため，講師の養成・選定，教材の作成・選定については次の点に留意する。
　　①　講師は，当該業務に関する知識・経験を有し，かつ，教育技法に関する知識・経験を有する者であること。
　　②　教材は，カリキュラムの内容を十分満足するほか，労働災害事例を活用するなど具体的な内容とすること。また，ビデオ，PP等の視聴覚教材を活用すること。

表4-3 安全衛生教育の体系

教育の対象者		就業資格	就業時教育	就業中教育
1. 作業者	一般業務に従事する者		雇入時教育	(作業内容変更時教育)
	危険有害業務に従事する者	免許試験		高齢時教育
	・就業制限業務に従事する者	技能講習	特別教育	危険有害業務従事者教育(定期又は随時)及び危険再認識教育
	・特別教育を必要とする危険有害業務に従事する者			
	・その他の危険有害業務に従事する者		特別教育に準じた教育	
	一般業務に従事する者及び危険有害業務に従事する者			健康教育
2. 安全衛生に係る管理者	安全管理者	実務経験・選任時研修	能力向上教育(初任時)	
	衛生管理者	免許試験等		
	安全衛生推進者	実務経験・養成講習		
	衛生推進者	実務経験・養成講習		
	店社安全衛生管理者	実務経験		能力向上教育(定期又は随時)
	元方安全衛生管理者	実務経験		
	救護技術管理者	研修		
	計画参画者	実務経験・研修		
	作業主任者	免許試験・技能講習		
	安全推進者	実務経験		
	職長等		職長等教育	能力向上教育に準じた教育(定期又は随時)
	作業指揮者		指名時教育	
	安全衛生責任者		選任時教育	能力向上教育に準じた教育(定期又は随時)
	交通労働災害防止担当管理者		選任時教育	
	荷役災害防止担当者	指名時教育		
	危険性又は有害性等の調査等担当者・労働安全衛生マネジメントシステム担当者	指名時教育		
	化学物質管理者	選任時教育		原材料,作業方法等に大幅な変更があったとき(随時)
	健康保持増進措置を実施するスタッフ			健康保持増進措置を実施するスタッフ養成専門研修
	事業場内産業保健スタッフ			メンタルヘルスケアを推進するための教育研修
3. 経営トップ者	事業者			安全衛生セミナー
	総括安全衛生管理者			
	統括安全衛生責任者			
	安全衛生責任者管理職			
4. 安全衛生専門家	産業医	医師		
	労働安全コンサルタント	免許試験・登録		
	労働衛生コンサルタント	免許試験・登録		実務向上研修
	作業環境測定士	試験・講習登録		
	安全管理士・衛生管理士	実務経験等		

教育の対象者		就業資格	就業時教育	就業中教育
5．技術者等	特定自主検査に従事する者 定期自主検査に従事する者	実務経験・研修	選任時教育	→ 能力向上教育に準じた教育（定期又は随時）
	生産技術管理者 設計技術者等			技術者に対する機械安全教育（随時）
6．その他	就業予定の実業高校生		卒業前教育	

（資料出所：「安全衛生教育等推進要綱」）

③ 教育手法は，講義方式のほか，課題研究等の討議方式を採用すること。

（3）作業手順書の作成と周知

　設備や作業環境の安全対策を進めても，一人ひとりが常に安全な方法で作業しなければ，事故や災害を防ぐことはできない。そのために，安全な作業手順を定めて，みんなが実践することが大切である。

　安衛則第35条の新規雇用時や配置替え時の教育項目で作業手順の教育が事業者へ義務づけられている。また，安衛則第40条で職長等の教育でも作業手順の定め方が規定されている。

　作業手順書は，個々の作業を①安全に，②確実に，そして③効率よく行うために最も合理的な流れと方法を書面にしたものである。つまり作業のムリ，ムダ，ムラを除き，作業の効率を高め，安全に作業するための「取り決め」とも言うべきもので，トラブルなどが発生した場合には，作業手順書の有無，内容，作業者の理解度などが原因とされる場合が多い。

　作業手順書の作成には，次の4つの段階がある。
① 作業順序：最も合理的，安全な作業順序
② 要点：仕事がしやすく，安全が確保された作業のやり方のコツや要領
③ 危険予知：作業の急所の中で，どんな危険があるか前もって洗い出しておく
④ 安全対策：出てきた危険項目への対応策を立てる

　したがって，作業手順書の作成は，作業を指揮する立場にある職長クラスが中心となる。ただし，職長だけがその内容を把握していても意味をなさず，関係作業者全員がよく理解し，そのとおり実行できることが重要である。関係者への周知徹底は，無知による事故，勝手な判断による災害を防ぐ意味で非常に重要なことである。

3　健康診断の実施その他健康の保持増進のための措置

（1）計画的な健康診断の実施について

　健康診断には，法定のもの及び行政指導（通達）で定められているものがある。また，健康診断には一般健康診断と特殊健康診断がある。一般健康診断は，すべての労働者を対象にして実施されるもので，労働者の健康状態を把握し，必要な場合に適切な就業上の措置を講ずることを目的にしている。一方，特殊健康診断は，有害な業務に常時従事する労働者に業務上疾病が発生することを予防するために，業務上疾病を早期に発見する（スクリーニング）とともに，有害業務が労働者集団に与える健康影響を観察する（サーベイランス）ことを目的としている。この特殊健康診断には，安衛法に基づく労働衛生関係の特別規則等で規定されている健康診断，じん肺健康診断及び30種類の行政指導に基づく健康診断がある。

　また，平成27年からは，労働者の心理的な負担の程度を把握するための検査（ストレスチェック）の実施が義務づけられた。詳細は後述する。

　ア　法定の健康診断実施の原則

　　職場で行われる健康診断を実施する際には，次のことに留意しなければならない。
　　① 　健康診断の実施は，事業者責任で実施するものであること。
　　② 　健康診断は，労働時間内に事業者の費用負担により実施するものであること。
　　③ 　健康診断は，診断結果の判定を含め医師が行うこと。
　　④ 　実施方法は，厚生労働省令の定めるところによること。
　　⑤ 　健康診断で有所見とされた者に対しては，必要に応じて就業上の措置を講じるなど事後の措置を行うこと。

　イ　健康診断の種類

　　職場で実施されている健康診断には，表4－4及び表4－5の一般健康診断及び特殊健康診断並びに通達で示されている健康診断等さまざまなものがある。
　　法定の健康診断で事業場が実施する健康診断を希望しない労働者は，法定の内容を満たした健康診断を別途自ら受診し，その結果を書類で提出すればよいことになっている。また，法定の健康診断に合わせて法定外の検査項目を追加して実

施することがあるが，その場合はその追加した検査の意義や結果の処理について衛生委員会で審議してルール化しておくべきである。

表4－4　一般健康診断の種類

①雇入時の健康診断（安衛則第43条）
②定期健康診断（安衛則第44条）
③特定業務従事者の健康診断（安衛則第45条）
④海外派遣労働者の健康診断（安衛則第45条の2）
⑤給食従業員の検便（安衛則第47条）
⑥自発的健康診断（安衛法第66条の2）

表4－5　特殊健康診断の種類〔法令による特殊健康診断〕

①有機溶剤健康診断（有機則第29条）
②鉛健康診断（鉛中毒予防規則第53条）
③四アルキル鉛健康診断（四アルキル鉛中毒予防規則第22条）
④特定化学物質健康診断（特化則第39条）
⑤高気圧業務健康診断（高気圧作業安全衛生規則第38条）
⑥電離放射線健康診断（電離則第56条）
⑦除染等電離放射線健康診断（除染等電離則第20条）
⑧石綿健康診断（石綿則第40条）
⑨じん肺健康診断（じん肺法第3条）
⑩歯科特殊健康診断（安衛則第48条）

表4－6　行政指導（通達）により特殊健康診断の実施を要する有害業務

①紫外線・赤外線　②騒音　③マンガン化合物（塩基性酸化マンガン）　④黄りん　⑤有機りん剤　⑥亜硫酸ガス　⑦二硫化炭素（有機溶剤業務に係るものを除く）　⑧ベンゼンのニトロアミド化合物　⑨脂肪族の塩化又は臭化化合物　⑩砒素化合物（アルシン又は砒化ガリウムに限る）　⑪フェニル水銀化合物　⑫アルキル水銀化合物（特化則適用以外のものに限る）　⑬クロルナフタリン　⑭沃素　⑮米杉等　⑯超音波溶着機　⑰キーパンチ・ＶＤＴ作業　⑱振動　⑲重量物取扱い作業，介護作業等腰部に著しい負担のかかる作業　⑳金銭登録　㉑引金付工具　㉒レーザー機器　など

（資料出所：「労働衛生のしおり　平成28年度版」中災防発行）

ウ 一般健康診断

　一般健康診断は，安衛法第66条第1項及び第66の2に定められた法定健康診断で，定期健康診断をはじめとして**表4－4**のように6種類の健康診断がある。派遣労働者については，派遣元で行われる。一般健康診断は，事業者の負担により医師が実施する必要がある。また，その結果が有所見とされた労働者に対しては，事業者は，産業医等の意見を聴取し，適切な就業上の措置を実施するとともに，医師又は保健師による保健指導を実施するよう努めなければならない。

　雇入時の健康診断は，安衛則第43条に定められ，雇い入れた労働者の適正配置を図るためのものであり，雇い入れ前に採用の可否を決定するためのものではないことに特に留意する必要がある。

　雇入時の健康診断の診断項目は以下のとおり。

① 既往歴及び業務歴の調査
② 自覚症状及び他覚症状の有無の検査
③ 身長，体重，腹囲，視力及び聴力（1,000ヘルツ及び4,000ヘルツの音に係る聴力。一般健康診断の③において同じ。）の検査
④ 胸部エックス線検査
⑤ 血圧の測定
⑥ 血色素量及び赤血球数の検査（一般健康診断の⑥において「貧血検査」という。）
⑦ 血清グルタミックオキサロアセチックトランスアミナーゼ（GOT），血清グルタミックピルビックトランスアミナーゼ（GPT）及びガンマーグルタミルトランスペプチダーゼ（γ―GTP）の検査（一般健康診断の⑦において「肝機能検査」という。）
⑧ 低比重リポ蛋白コレステロール（LDLコレステロール），高比重リポ蛋白コレステロール（HDLコレステロール）及び血清トリグリセライドの量の検査（一般健康診断の⑧において「血中脂質検査」という。）
⑨ 血糖検査
⑩ 尿中の糖及び蛋白の有無の検査（一般健康診断の⑩において「尿検査」という。）
⑪ 心電図検査

　定期健康診断は，安衛則第44条において，すべての労働者を対象に1か年以内ごとに1回，定期に実施することが義務づけられている。

一般健康診断の診断項目は以下のとおり。
① 既往歴及び業務歴の調査
② 自覚症状及び他覚症状の有無の検査
③ 身長，体重，腹囲，視力及び聴力の検査
④ 胸部エックス線検査及び喀痰検査
⑤ 血圧の測定
⑥ 貧血検査
⑦ 肝機能検査
⑧ 血中脂質検査
⑨ 血糖検査
⑩ 尿検査
⑪ 心電図検査

定期健康診断の結果をみると，平成27年には有所見率（受診した労働者のうち異常の所見のある者（以下「有所見者」という。）の占める割合をいう。）は53.6％に達し，労働者の半数が有所見者という状況になっている。また，脳血管疾患及び虚血性心疾患等の脳・心臓疾患による労災支給決定件数も高水準にあり，脳・心臓疾患の発生防止の徹底を図る必要がある。

このため，厚生労働省では，「定期健康診断における有所見率の改善に向けた取組について」（平成22年３月25日付け基発0325第１号）を示して，次の取組みなどを広く関係者に呼びかけている。

① 有所見者についての医師からの意見聴取及び必要に応じての作業の転換，労働時間の短縮等の定期健康診断結果に基づく措置の実施。
② 有所見者が食生活の改善等に取り組むこと，医療機関で治療を受けることなどによる定期健康診断結果に基づく保健指導の実施。
③ 栄養改善，運動等に取り組むことについての健康教育及び健康相談の適切な実施。

特定業務従事者の健康診断は，安衛則第45条において，同規則第13条第１項に定める有害業務に常時従事している労働者を対象に６か月以内ごとに１回，定期に実施することが義務づけられており，診断項目は一般定期健康診断と同じである。ただし，胸部Ｘ線検査は１年以内ごとに１回で足り，貧血検査，肝機能検査，血中脂質検査，血糖検査及び心電図検査は，医師が必要でないと認めるときは省略することができる。

海外派遣時の健康診断は，安衛則第45条の２において，海外に６か月以上派遣する労働者を対象にその派遣前及び帰国後に定期健康診断の項目のうち，医師が必要と認める項目について，健康診断が義務づけられている。

給食従業員の検便は，安衛則第47条において，食堂や炊事場で給食業務に従事する労働者に対して雇入れや配置替えの際に実施が義務づけられている。

エ　特殊健康診断

特殊健康診断は，表４－５に示す10種類のものがあり，安衛法第66条第２項及び同条第３項とじん肺法第３条に定められている。

特殊健康診断は，有害業務の種類に応じた特別の健診項目が定められており，原則として雇入れ時，作業内容変更時及びその後６か月以内ごとに１回，定期に実施しなければならない。なお，有害業務に従事する派遣労働者については，実際に就業している派遣先で行われる。

事業者は，特殊健康診断の結果をもとに作業環境や作業を適切に管理しなければならない。また，その結果が有所見の労働者に対しては，産業医等の意見を聴取し，適切な就業上の措置を講じなければならない。特殊健康診断結果の個人票は，石綿については40年間，特定化学物質のうちの特別管理物質については30年間，じん肺については７年間，電離放射線については30年間，その他は５年間保存しなければならない。特殊健康診断を実施したすべての事業者は，所轄労働基準監督署長にその結果をまとめて報告しなければならない。

オ　行政指導（通達）による健康診断

表４－６に示した業務については，行政指導（通達）により健康診断を実施することが定められている。特に，騒音については「騒音障害防止のためのガイドラインについて」，腰痛については「職場における腰痛予防対策指針について」，VDT作業については「VDT作業のための労働衛生上のガイドライン」にその内容が示されている。

カ　臨時の健康診断

安衛法第66条第４項に定められている健康診断は，都道府県労働局長が，労働者の健康を保持するために必要と認めたとき，労働衛生指導医の意見に基づき，事業者に対し，臨時の健康診断の実施その他必要な事項を文書により指示

キ　深夜業に従事する労働者の自発的な健康診断
　　深夜業に従事する労働者で，深夜業に従事する回数等一定の要件に該当する者は，安衛法第66条の2に基づき，その者が自発的に受けた健康診断の結果を証明する書面を事業者に提出することができ，事業者はその書面が提出された場合には，定期健康診断等と同様に，その結果が有所見の労働者に対しては，産業医等の意見を聴取し，適切な就業上の措置を実施し，保健指導を実施するよう努めなければならない。

ク　事業場独自の健康診断
　　事業者，労働組合等が，さまざまな目的で事業場において独自に実施している健康診断がある。
　　復職時健康診断は，休職制度のある事業場において，疾病等の理由で休職した後に復職する労働者を対象に実施されることがある。産業医等が，主治医の意見や診断書に基づき労働者が就業できなかった理由や現在の回復状況を評価し，元の業務への職務適性や就業上の措置の必要性等について判断するための健康診断である。
　　疾病管理健康診断は，疾病やそのリスクがある労働者を対象に，疾病予防のために実施されることがある。高血圧，脂質異常症，糖尿病等疾病ごとにさまざまな健康診断が実施されている。その他，退職時健康診断，超過労働健康診断，じん肺以外の離職時健康診断，一定年齢時の節目健診など，さまざまな健康診断が実施されている。

ケ　健康保険組合の健康診査等
　　健康保険組合が疾病予防対策として進める保健事業として，40歳以上の者等を対象に，健康診査，成人病検診，がん検診，人間ドック等が実施されている。これらが安衛法の法定健康診断の内容を満たしていて，労働者がその結果を書類で提出すれば，法定健康診断を受診したものとみなすことができる。

コ　事後措置
　　健康診断結果に応じて，労働者の健康確保のために事業者が講ずべき措置に

ついては「健康診断結果に基づき事業者が講ずべき措置に関する指針」(平成8年10月1日付け公示第1号, 改正：平成27年11月30日付け公示第8号) に示されている。

(ア) 有所見者の判定

健康診断の検査結果がそろうと, 産業医が, 各検査項目の基準値や正常所見と比較するなどして, 健康診断結果が有所見かどうかを最終的に判定する。

(イ) 医療区分の判定

産業医は, 通常, 有所見者を, 検査結果に応じて, 医療機関に紹介し診断や治療を勧奨するべき者 (要紹介), すでに医療機関に受診中でその継続を勧奨するべき者 (要受診継続), 一定期間後の再検査や次回の健康診断における検査項目の追加等健康診断の中で経過を見ていく者 (要経過観察), 次回の健康診断まで特別な措置を必要としない者 (放任可) 等の医療区分に分ける。

(ウ) 再検査と精密検査

検査の条件や方法に問題があるなどの理由で再検査が必要 (要再検査), 検査結果が有所見かどうか確定できないなどの理由で精密検査が必要とされる場合 (要精密検査) がある。

(エ) 就業上の措置

有所見と判定された者について医師の意見を聴取し, その必要があると認めるときは, 就業の禁止, 何らかの就業制限や配置転換, 要休業などの就業上の措置を講じなければならない。また, 作業環境や作業について, 測定や分析が必要かどうか, 設備の設置や改善が必要かどうかなどについて, 医師の意見を求め, 衛生委員会等へ報告し, 適切な措置を講じなければならない。

(オ) 保健指導

特に健康の保持に努める必要があると認められる労働者に対しては, 医師や保健師による保健指導を受けさせることが望ましいとされている。保健指導とは, 適切な受診の指導や勧奨, 保護具の使用等作業方法の改善, 生活改善の指導等を行うものであり, 深夜業に従事する者については, 睡眠指導や食生活指導等に努めることが必要である。

健康診断結果が明らかとなった段階で, 有所見者等を呼び出して実施するか, 健康診断と同時に保健指導を計画的に実施する方法もある。

(カ) 面接指導

時間外, 休日労働時間が1月当たり100時間を超える労働者であって, 申出

を行ったものについては面接指導を確実に実施し，80時間を超える労働者であって申出を行ったものについては面接指導等の実施に努めなければならない。面接指導は，本人の申出により，医師により行わなければならない。

また，面接指導の結果は，記録を作成して5年間保存しなければならない。
（安衛法第66条の8第3項，安衛則第52条の6）

(キ) 健康情報の取扱い上の留意事項

健康情報の保護に留意し，適正な取扱いを確保することは重要であり，電子化された健康診断情報は電算機の管理者にも守秘義務を科すべきである。一方で，個人が自分の健康情報の開示を求めたり，集団の健康診断情報をサーベイランスや教育等の目的で積極的に利用できるようにする必要もある。健康診断情報の処理に関しては，「雇用管理に関する個人情報のうち健康情報を取り扱うに当たっての留意事項」（平成16年10月29日付け基発第1029009号改正：平成27年11月30日付け基発1130第2号）が示されている。事業場においてもこの通達などを参考にしてルール化しておくことが望ましい。

(ク) 結果の報告

安衛法第66条の6に基づいて一般健康診断及び特殊健康診断を受診した労働者にその結果を通知しなければならない。一般健康診断（定期，特定業務従事者及び歯科に限る）は，安衛則第52条に基づいて，常時使用する労働者数50人以上の事業場では，所定の様式により健康診断結果報告書を作成して所轄労働基準監督署長に提出しなければならない。

特殊健康診断の結果は，法令に基づくものと行政指導に基づくもののいずれについても，健康診断結果報告書を作成し所定の様式に基づいて所轄労働基準監督署長に提出しなければならない。

（2）作業環境測定

作業環境に起因する労働者の健康障害を防止するためには，その作業環境にある有害物質等のレベルを把握して，評価を行い，必要があれば改善措置を講じることが最も重要なことである。この作業環境の状態を把握するために行うのが作業環境測定である。

作業環境測定を行うには，まず，何のために作業環境測定をするのかを明確にしておかなければならない。そのうえで目的にあったデザイン（測定点の設定等），捕集方法によらなければならない。

作業環境測定の目的には以下のようなものがある。
　①　作業環境の有害要因をあるレベル以下にコントロールする目的で行う定期的な測定
　②　新規の設備・原材料を導入したり，生産方式・作業方法を変更した際，作業環境の状態の適否を確認するために随時行う測定
　③　健康診断の結果等から作業環境の状態，あるいは特定の労働者のばく露量を推定する必要が生じた場合に行う測定
　④　有害物質を取り扱う作業場で，局所排気装置の性能点検のために行う測定
　⑤　有害な場所への立入禁止等，危険防止措置の必要の有無を決めるための測定

　これら種々の環境測定のうち，安衛法第65条に基づく作業環境測定は，①の作業環境管理のための定期的な測定であり，表4－7に示したとおり10種類の作業場が法的に作業環境測定を行う作業場として定められている。
　この作業環境測定は「作業環境測定基準」（昭和51年労働省告示第46号）に従って実施する。また，粉じん，特定化学物質（一部物質を除く），鉛，石綿及び有機溶剤に係るものについては，作業環境管理の良否を判断するための評価の方法及び管理濃度等が「作業環境評価基準」（昭和63年労働省告示第79号）に示されている。
　このような評価が必要となる作業環境測定にあっては，作業環境中の有害要因が人体に与える影響，生産工程，作業方法等による労働衛生上の問題，測定対象物質の性質，干渉物質の影響の排除等に関する知識と高度の測定技術を身に付けた者が測定を行う必要がある。そのため作業環境測定士制度が設けられており，作業環境測定を行うべき作業場のうち指定作業場（表4－7中○印を付したもの）の測定を行うに当たっては，自社の作業環境測定士に行わせるか，作業環境測定機関に委託しなければならないことになっている。図4－9に，作業環境測定のフローシートを示してある。大きな流れとしては，デザイン→サンプリング→分析→評価（管理区分の決定）→措置（対策）となる。作業環境測定は管理区分の決定で終わるもの

表4－7　安衛法第65条の規定により作業環境測定を行うべき作業場
（安衛法施行令第21条）

作業場の種類 （労働安全衛生法施行令第21条）		関連規則	測定項目	測定回数	記録保存年
○1	土石，岩石，鉱物，金属又は炭素の粉じんを著しく発散する屋内作業場	粉じん則26条	空気中の粉じん濃度，遊離けい酸含有率	6月以内ごとに1回	7
2	暑熱，寒冷又は多湿の屋内作業場	安衛則607条	気温，湿度，ふく射熱	半月以内ごとに1回	3
3	著しい騒音を発する屋内作業場	安衛則590条591条	等価騒音レベル	6月以内ごとに1回（注1）	3
4	坑内作業場 （1）炭酸ガス停滞場所	安衛則592条603条612条	空気中の炭酸ガス濃度	1月以内ごとに1回	3
	（2）通気設備のある坑内		通気量	半月以内ごとに1回	3
	（3）28℃を超える場所		気温	半月以内ごとに1回	3
5	中央管理方式の空気調和設備を設けている建築物の室で，事務所の用に供されるもの	事務所則7条	空気中の一酸化炭素及び二酸化炭素の含有率，室温及び外気温，相対湿度	2月以内ごとに1回（注2）	3
6	放射線業務を行う作業場 （1）放射線業務を行う管理区域	電離則54条55条	外部放射線による線量当量率	1月以内ごとに1回（注3）	5
	○（2）放射性物質取扱室 （3）坑内核原料物質掘採場所		空気中の放射性物質濃度	1月以内ごとに1回	5
○7	第1類物質もしくは第2類の特定化学物質を製造し，又は取り扱う屋内作業場など	特化則36条	空気中の第1類物質又は第2類物質の濃度	6月以内ごとに1回	3 特別管理物質については30年間
	石綿等を取り扱い，又は試験研究のため製造する屋内作業場	石綿則36条	空気中の石綿の濃度	6月以内ごとに1回	40
○8	一定の鉛業務を行う屋内作業場	鉛則52条	空気中の鉛濃度	1年以内ごとに1回	3
※9	酸素欠乏危険場所において作業を行う場合の当該作業場	酸欠則3条	空気中の酸素濃度（硫化水素発生危険場所の場合は同時に硫化水素濃度）	その日の作業開始前	3
○10	有機溶剤を製造し，又は取り扱う屋内作業場	有機則28条	空気中の有機溶剤濃度	6月以内ごとに1回	3

作業場の種類の欄に○印を付した作業場は，指定作業場であり，測定は作業環境測定士又は作業環境測定機関が行わなければならない。
また※印を付した作業場の測定は酸素欠乏危険作業主任者に行わせること。
（注）1　施設，設備，作業工程又は作業方法を変更した場合には，遅滞なく測定する。
　　　2　室温及び相対湿度については，1年間基準を満たし，かつ，今後1年間もその状況が継続すると見込まれる場合は，春または秋，夏及び冬の年3回測定する。
　　　3　放射線装置を固定して使用する場合においては，使用の方法及び遮へい物の位置が一定しているとき，又は3.7ギガベクトル以下の放射性物質を装備している機器を使用するときは，6月以内ごとに1回測定する。

ではなく，その決定に基づいた改善措置を講ずることが，作業環境管理を進めるうえで最も重要なこととなる。

そのほか，測定を行うに当たっては測定日時・条件・手順等を十分考慮して決定するとともに，サンプリングは作業が定常的に行われている時間において，有害物の時間的変動を考慮して1測定点の試料採取時間は継続した10分間以上としている。

管理区分は1～3に区分され，それぞれに応じた対策が必要になる。

作業環境改善は作業環境測定，健康診断結果，職場巡視等により現状を正しく把握して，改善を行う必要がある。改善に当たっては労働衛生コンサルタント，産業医，作業主任者，作業場の管理者，設備メーカー等の意見も取り入れて計画を立案し，効果的な改善を実施することが大切である。また，改善効果を確認して問題が

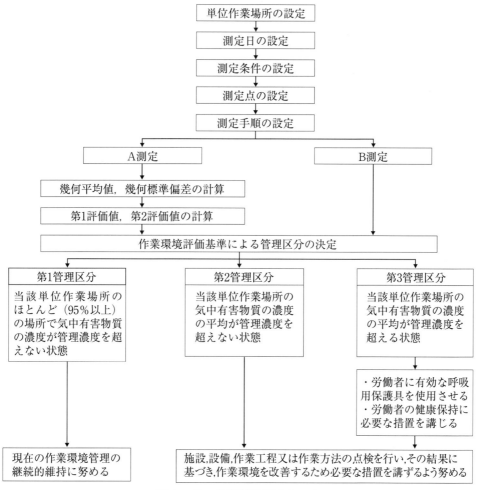

図4-9 作業環境測定シート

あれば再度原因を調べ改善する，いわゆるP（計画）→D（実施）→C（評価）→A（改善）のサイクルを実施することにより，環境改善を行う。また，計画どおりの効果が得られたら，その効果を維持するために設備の点検や保全の体制，作業標準等の整備を行うことが大切である。

有害物質に対する作業環境改善には，次の7つの手法が用いられる。

① 有害物質の製造，使用の中止，有害性の少ない物質への転換
② 生産工程，作業方法の改良による有害物発散の防止
③ 有害物質を取り扱う設備の密閉化や自動化
④ 生産工程の隔離と遠隔操作の採用
⑤ 局所排気装置又はプッシュプル型換気装置の設置
⑥ 全体換気装置の設置
⑦ 作業方法等の改善による二次発じん等の防止

これらの原則的な手法は，そのうち一つに依存するよりも，いくつかの手法を併用するほうが有効である。①から⑦は有効な手法順に並べてある。したがって上の方の対策ほど有害物に対するばく露の根源を絶つ有効な手法なので，まず上の方の対策から改善の検討を行うことが大切である。

このうち⑤に示す局所排気装置等の設備の性能を維持管理するためには，点検と定期自主検査が必要である。

ア　点検

　有機則，鉛則及び特化則にみられるように，局所排気装置，プッシュプル型換気装置，全体換気装置，除じん装置，排ガス処理装置等の点検は，作業主任者の職務と規定されており，毎月1回（鉛に係る装置については毎週1回以上）点検を実施することとされている。点検項目等は規定された項目だけでは不十分な場合もあるので，自主的に点検項目を決めてリスト化し，必ず守れる社内基準にしておかなければならない。

イ　定期自主検査

　局所排気装置等の設備を長時間にわたって所定の性能を維持するためには，一定期間ごとに必要な検査を行って異常を早期に発見し，低下した性能の回復を図ることが重要である。

　定期自主検査は，使用開始後1年以内ごとに1回，定期的に実施し，その結

果は3年間保存することが定められている。そして，定期自主点検を行わなければならない労働衛生関係設備として，局所排気装置，プッシュプル型換気装置，除じん装置，排ガス処理装置，廃液装置等が規則で定められている。

　設備の点検・検査及び整備については直接衛生管理者が自ら行う必要はないが，実施の状況，結果等に関しては把握しておく必要がある。例えば，局所排気装置等に関して衛生管理者は性能維持のための保全管理状況のチェックや使い方の指導等が主な職務であり，以下のことを中心にチェックし指導すべきである。

　① 局所排気装置が必要な有害物の発散源に対して完全設置されているか
　② フードが作業の実態にあったように作られているか
　③ 局所排気装置が正しい状態で使われているか
　④ 排気量に見合った給気経路が確保されているか
　⑤ 十分な性能が確保されているか

　ウ　定期自主検査の進め方

　　検査には，誰がやっても簡単にできるものと，十分に教育・訓練を受けたベテランでないとできないものとがあるが，検査を行う人により手法，判定等に大きな差がでないように，検査基準を制定しておくことが必要である。また，対象設備ごとに検査項目，検査頻度，検査方法，判定基準等を明確にしておかなければならない。

（3）労働者の健康の保持増進のための措置

　近年，高年齢労働者の割合が増加している。高齢化社会の進展，定年の延長などにより，今後ともその割合は，ますます高まると考えられる。このような中で，高年齢労働者が経済社会の担い手として，その能力を十分に発揮することは，わが国の経済社会の発展に不可欠な要件になる。しかし，高年齢労働者の労働災害の発生率は，若年労働者に比べて高く，転倒，墜落など加齢による身体機能の低下に関連するものも多くなっている。

　また，生活様式の変化等により心疾患，高血圧症，糖尿病などの生活習慣病を持つ人の割合も高くなっている。

　これらの身体機能の低下や疾病は，適度な運動，適切な食生活，十分な睡眠と休養，ストレスのコントロールなどにより，かなり予防することができる。

　一方，労働者が働く職場には，労働者自身の力では取り除くことができない健康

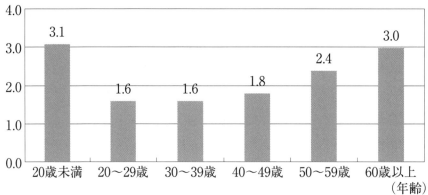

図4-10 年齢別年千人率（休業4日以上：平成27年）

（資料出所：総務省統計局「労働力調査」、厚生労働省「労働者死傷病報告」）

障害要因、ストレス要因などが存在している。

このため、労働者の健康を確保していくためには、労働者の自助努力とともに、事業者の行う健康管理が重要であり、その効果も期待できる。

安衛法第69条では、第1項で、労働者の健康保持増進を図るために必要な措置を継続的かつ計画的に実施することを事業者の努力義務として定め、第2項では、労働者は、事業者が講ずる措置を利用して、健康保持増進に努めることとしている。

具体的には、安衛法第70条の2に基づき「事業場における労働者の健康保持増進のための指針」（平成27年11月30日付け健康保持増進のための指針公示第5号。以下、「THP指針」という。）が公表され、これに沿った健康づくりが求められている。

なお、THP指針に基づく働く人の「心とからだの健康づくり」は、THP（Total Health promotion Plan）と称されている。

THP指針では、健康保持増進措置の原則的な実施方法として、次のように示しているが、実施に当たっては、各事業場の実態に即した形で取り組むことが望ましいとされている。

ア　健康保持増進計画の策定

継続的かつ計画的な実施が必要であることから，健康保持増進計画を策定するよう努める。なお，その際，事業者が健康づくりを支援することを表明することなどが必要である。また，計画の策定に際しては，衛生委員会等に付議する。

イ　推進体制

健康づくりを進めるためには，事業場において，衛生管理者等の中から健康保持増進計画の総括的推進担当者を選任すること，健康保持増進対策を衛生委員会等で調査審議することなどが重要である。

このほか，健康保持増進措置を実施するスタッフ（産業医，運動指導担当者，運動実践担当者，心理相談担当者，産業栄養指導担当者，産業保健指導担当者）を養成することが望まれるが，すべてのスタッフを確保することが困難な場合には，健康保持増進サービス機関等に委託して実施することが適当である。

なお，これらのスタッフの養成研修は中央労働災害防止協会で実施している。

ウ　健康保持増進措置の内容

① 健康測定

各労働者に対して，産業医が中心になって健康測定（問診，生活状況調査，診察及び医学的検査，必要に応じ運動機能検査）を行い，その結果を評価し，この結果に基づく各種健康指導のための指導票を作成する。なお，健康測定の一部に定期健康診断結果を活用することもできる。

② 運動指導

運動指導担当者が，労働者個々人について，運動指導プログラムを作成し，運動指導担当者又は運動実践担当者が運動実践の指導援助を行う。

③ メンタルヘルスケア

メンタルヘルスケアが必要とされた場合等に，心理相談担当者が産業医の指示のもとに，ストレスに対する気付きへの援助やリラクセーションの指導などを行う。

④ 栄養指導

食生活上問題が認められた労働者に産業栄養指導担当者が食習慣や食生活の評価と改善の指導を行う。

⑤ 保健指導

産業保健指導担当者が，睡眠，喫煙，飲酒，口腔保健などの指導及び教育を行う。

（4）労働者の心の健康の保持増進のための措置

労働者の受けるストレスは増大傾向にあり，仕事に関して強い不安やストレスを感じている労働者は約6割に達している。また，精神障害等に係る労災補償状況を見ると認定件数は，増加傾向にあり，業務によりメンタルヘルス不調になったとされる裁判例もある。

このため，事業場において，より積極的に心の健康保持増進を図ることが，労働者とその家族の幸せとなるものであり，企業やわが国社会の健全な発展という観点から，非常に重要な課題となっている。

表4－8　強いストレス等を感じる労働者の割合

年	昭和62年	平成4年	平成9年	平成14年	平成19年	平成24年
割合（％）	55.0	57.3	62.8	61.5	58.0	60.9

（資料出所：労働者健康状況調査）

表4－9　精神障害等の労災補償状況

年度（平成）	22年度	23年度	24年度	25年度	26年度	27年度
精神疾患等	285	310	338	306	277	251
うち自殺	113	121	123	133	121	96

（資料出所：厚生労働省調査）

そこで，安衛法第70条の2に基づき「労働者の心の健康保持増進のための指針」（平成27年健康保持増進のための指針公示第6号）が公表され，事業場におけるメンタルヘルス対策の具体的な実施方法が示されている。その概要は，次のとおりである。

ア　衛生委員会等における調査審議

メンタルヘルスケアの推進に当たっては，事業者は，自らが事業場におけるメンタルヘルスケアを積極的に進めることを表明するとともに，労働者等の意見を聴きつつ事業場の実態に即した取組みを行うことが必要である。心の健康

づくり計画の策定はもとより，その実施体制の整備等の具体的な実施方法や個人情報の保護に関する規程等の策定が必要である。その策定に当たっては，衛生委員会等において十分調査審議を行い，メンタルヘルスケアに関する事業場の現状とその問題点を明確にしておかなければならない。

イ　心の健康づくり計画

　　メンタルヘルスケアは，中長期的視点に立って，継続的かつ計画的に行うことが重要である。

　　心の健康づくり計画で定めるべき事項は，次のとおりである。

① 事業者がメンタルヘルスケアを積極的に推進する旨の表明に関すること
② 事業場における心の健康づくりの体制の整備に関すること
③ 事業場における問題点の把握及びメンタルヘルスケアの実施に関すること
④ メンタルヘルスケアを行うために必要な人材の確保及び事業場外資源の活用に関すること
⑤ 労働者の健康情報の保護に関すること
⑥ 心の健康づくり計画の実施状況の評価及び計画の見直しに関すること
⑦ その他労働者の心の健康づくりに必要な措置に関すること

ウ　4つのメンタルヘルスケアの推進

　　メンタルヘルスケアは，労働者自身がストレスや心の問題について理解し，自らのストレスを予防，軽減するあるいはこれに対処する「セルフケア」，労働者と日常的に接する管理監督者が，心の健康に関して職場環境等の改善や労働者に対する相談対応を行う「ラインによるケア」，事業場内の産業医等産業保健スタッフが，心の健康づくり対策の提言を行うとともに，その推進を担い，また，労働者及び管理監督者を支援する「事業場内産業保健スタッフ等によるケア」及び事業場外の機関及び専門家を活用し，その支援を受ける「事業場外資源によるケア」の4つのケアが継続的かつ計画的に行われることが重要である。

エ　教育研修・情報提供

　　事業者は，4つのケアが適切に実施されるよう，労働者，管理監督者，事業場内産業保健スタッフ等に対し，それぞれの職務に応じたメンタルヘルスケアの推進に関する教育研修・情報提供を行うように努める。この際には，必要に

応じて事業場外資源が実施する研修等への参加についても配慮する。

なお，労働者や管理監督者に対する教育研修を円滑に実施するため，事業場内に教育研修担当者を計画的に育成することも効果的である。

オ　職場環境等の把握と改善

労働者の心の健康には，作業環境，作業方法，労働者の心身の疲労の回復を図るための施設及び設備等，労働時間，仕事の量と質，セクシュアルハラスメント等職場内のハラスメントを含む人間関係，職場の組織及び人事労務管理体制，職場の文化や風土等の職場環境等が影響を与えている。職場レイアウト，作業方法，コミュニケーション，職場組織の改善などを通じた職場環境等の改善は，労働者の心の健康の保持増進に効果的であるとされている。また，事業者は，衛生委員会等における調査審議や策定した心の健康づくり計画を踏まえ，管理監督者や事業場内産業保健スタッフ等に対し，職場環境等の把握と改善の活動を行いやすい環境を整備するなどの支援を行う。

カ　メンタルヘルス不調への気づきと対応

メンタルヘルスケアにおいては，ストレス要因の除去又は軽減や労働者のストレス対処などの予防策が重要であるが，これらの措置を実施したにもかかわらず，万一，メンタルヘルス不調に陥る労働者が発生した場合は，その早期発見と適切な対応を図る必要がある。

このため，事業者は，個人情報の保護に留意しつつ，労働者，管理監督者，家族等からの相談に対しては十分に配慮し，必要に応じて産業医や事業場外資源の医療機関につないでいくことができるネットワークを整備するよう努めるものとする。

キ　職場復帰における支援

メンタルヘルス不調により休業した労働者が円滑に職場復帰し，就業を継続できるようにするため，事業者は，その労働者に対する支援として，次のことを行う。

（ア）休業の開始から通常業務への復帰に至るまでの一連の標準的な流れを明らかにするとともに，それに対応する職場復帰支援の手順，内容及び関係者の役割等について定めた職場復帰支援プログラムを策定すること。

（イ） 職場復帰支援プログラムの実施に関する体制や規程の整備を行い，労働者に周知を図ること。

（ウ） 職場復帰支援プログラムの実施について，労働者の個人情報の保護に十分留意しながら，事業場内産業保健スタッフ等を中心に労働者，管理監督者がお互いに十分な理解と協力を行うとともに，労働者の主治医との連携を図りつつ，組織的かつ計画的に取り組むこと。

なお，職場復帰に当たり，事業者が行う職場復帰支援の内容を総合的に示したものとして，厚生労働省より「心の健康問題により休業した労働者の職場復帰支援の手引き」（平成16年10月14日付け厚生労働省発表，平成21年3月改訂）が公表されている。

（5）ストレスチェックの実施

平成26年の労働安全衛生法の改正により，翌27年より「労働者の心理的な負担の程度を把握するための検査」（ストレスチェック）の実施が義務づけられた。これはストレスに関する質問票（選択回答）に労働者が記入または入力することで，自分のストレスがどのような状態にあるのかを調べる検査で，労働者数50人以上の事業場は，常時使用する労働者に対し1年以内ごとに1回，医師，保健師等により実施しなければならない（50人未満の事業場は，現在のところ努力義務）。

この制度は，労働者が自分のストレスの状態に気づくことで，ストレスをためすぎないように対処したり，ストレスが高い状態の場合は医師の面接指導を受けて助言をもらったり，またストレスチェック結果を集団として集計・分析して職場環境改善につなげるなど，労働者のメンタルヘルス不調の未然防止（一次予防）を図ることを目的としている。

そのため，事業者は，検査の結果，高ストレスと判定され面接指導の必要があるとされた労働者から申し出があった場合には，医師による面接指導を実施し，医師からの意見を聴取して，仕事の軽減など必要な就業上の措置を講じなければならない。また，集団分析結果を踏まえた職場環境改善を行うように努めなければならない。

ストレスチェックの実施手順は以下のとおり（図4-11）。

ア　実施前の準備
まず事業者が，ストレスチェックの実施に関する基本方針を事業場内に表明

第4章　総括安全衛生管理者の統括管理事項

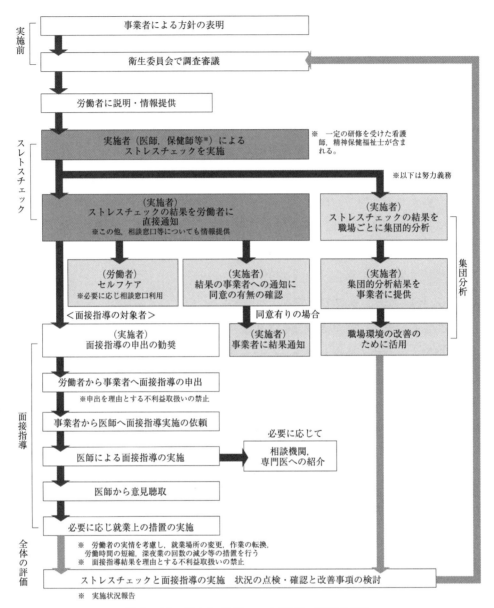

図4-11　ストレスチェック制度　実施の流れ

する。次に，実施に関する必要な事項を衛生委員会等で調査審議し，実施規程等を策定して労働者に周知する。調査審議すべき事項のうち，主要なものを以下に挙げる。

① 実施体制

　以下の担当者を選任し，実施体制を構築する。

・実施者

　　調査票の決定や実施方法について専門的見地から意見を述べるほか，個

人のストレスの評価結果に基づき医師による面接指導が必要かどうか判断する。医師，保健師又は所定の研修を修了した看護師，精神保健福祉士が行う。

・実施事務従事者

実施者の指示により，個人の調査票のデータ入力や結果の出力などを含む実施の事務を担当する。人事権のある者は選任不可。

・ストレスチェック制度担当者

実施計画の策定や実施の管理などを行う。衛生管理者やメンタルヘルス推進担当者，人事・総務担当者等が就任することが多い。人事権のある者も可。

② 実施方法

・使用する調査票（厚生労働省は職業性ストレス簡易調査票（57項目）を推奨）及び媒体（紙，インターネット，イントラネット等）
・調査票に基づくストレスの程度の評価方法

③ 面接指導の対象とする高ストレス者を選定する基準の決定

④ 面接指導の申し出の方法，実施場所等の面接指導の実施方法，面接指導を行う医師の選任

⑤ ストレスチェック結果に基づく集団ごとの集計・分析の方法（努力義務）

⑥ ストレスチェック結果等の記録を保存する者，保存場所，保存方法等

イ ストレスチェックの実施

① 選定したストレスチェック調査票を労働者に配布・記入させて実施する
② 実施者は定められた方法により，ストレスの程度を評価し，面接指導が必要な高ストレス者を選定する

ウ 結果の通知等

労働者へのストレスチェックの結果の通知は，実施者から労働者へ直接行う。実施者は，労働者の個別の同意がない限り，結果を事業者に提供してはならない。

エ 医師による面接指導

① 高ストレス者と選定され，面接指導の必要があると実施者が認めた労働者

から申し出があった場合は，当該労働者に対して医師による面接指導を実施する

② 事業者は，面接指導を実施した医師から，就業上の措置に関する意見を聴取する（労働者から面接指導を申し出た場合は，ストレスチェック結果を事業者に提供することに同意したとみなされる）

③ 医師の意見を勘案し，必要に応じて就業場所の変更や作業の転換，労働時間の短縮などの適切な就業上の措置を講じる

オ　集団ごとの集計・分析

事業者は，ストレスチェックの結果を集団単位（部や課など）で集計・分析し，その結果を用いて職場環境改善を行うように努めなければならない。なお職業性ストレス簡易調査票を用いた場合は，「仕事のストレス判定図」により集計・分析を行うことが適当とされている。

カ　記録の保存と報告

① 本人が同意し事業者に提供されたストレスチェックの結果の記録は5年間保存しなければならない。同意がない労働者の結果の記録については実施者が5年間保存することが望ましい。その際，事業者は保存が適切に行われるよう必要な措置を講じなければならない。

② ストレスチェックと面接指導の実施状況の報告書を作成し，1年以内ごとに1回，労働基準監督署に報告する

なお，ストレスチェックの不受検や結果，面接指導の申し出等を理由とする労働者への不利益な取扱いは禁止されている。また，ストレスチェック結果などの労働者の個人情報は，他の目的に使用されることがないよう適切に保護しなければならない。

（6）過重労働による健康障害防止のための措置

脳血管疾患及び虚血性心臓疾患等（以下「脳・心臓疾患」という。）は，その発症の基礎となる動脈硬化等による血管病変又は動脈瘤，心筋変性等の基礎的病態が長い年月の生活の営みの中で形成され，それが徐々に進行し，増悪するといった自然経過をたどり発症に至るものとされている。しかしながら，業務による明らかな過重負荷が加わることによって，血管病変等がその自然経過を超えて著しく増悪し，

発症する場合があり，業務が相対的にその発症の有力な原因である場合が「過労死」等とされている。

「過労死」等として労災認定された件数は増加傾向にあり，平成27年度には251件となっている。また，減少の傾向にあるものの，自殺者数も依然として高水準で推移しており，労働時間や職場環境などが問題とされた裁判例もある。

このように，過労死は，本人やその家族はもちろん，企業にとっても重大な問題であり，社会的にも大きな問題となっている。

そこで，平成26年に「過労死等防止対策推進法」が公布され，過労死等の防止のための対策を効果的に推進することが国の責務と定められた。翌27年には過労死の防止対策等を取りまとめた「過労死等の防止のための対策に関する大綱」が閣議決定され，国は過重労働対策の一層の強化を図り，月100時間超の残業が行われている事業場等に対する監督指導を徹底し，違法な長時間残業が繰り返されている企業の公表を行っている。

しかし，定期健康診断の結果をみると，有所見率が増加傾向にあり，その中でも脳・心臓疾患に関連する高脂血症，高血圧症等に関連する所見を有する者の割合が高くなっている。

業務による脳・心臓疾患の発症を防ぐためには，疲労回復のための十分な睡眠時間又は休息時間が確保できないような長時間にわたる過重労働を排除するとともに，疲労が蓄積するおそれのある場合の健康管理対策を強化することが必要である。

このため，安衛法第66条の8において，長時間労働者への医師による面接指導が規定されており，また，平成18年に策定された「過重労働による健康障害防止のための総合対策」（平成18年3月17日付け基発第0317008号，改正：平成28年4月1日付け基発0401第72号）の中に「過重労働による健康障害を防止するため事業者が講ずべき措置」が示されている。

これらによる措置の概要は，次のとおりである。

表4－10　「過労死」等事案の労災補償状況

年度（平成）	22年度	23年度	24年度	25年度	26年度	27年度
脳・心臓疾患	285	310	338	306	277	251
うち死亡	113	121	123	133	121	96

（資料出所：厚生労働省調査）

ア　長時間労働者への面接指導

　87ページでも述べたが、時間外・休日労働時間が1か月当たり100時間を超えて疲労の蓄積が認められる者は、安衛法第66条の8に基づく面接指導の対象になる。申出をした労働者に対し、医師による面接指導を実施しなければならない。

　また、1か月当たり80時間を超えて、疲労の蓄積が認められる者や健康上の不安を有している者のほか、事業場で定めた基準に該当する者についても、面接指導等の措置の対象とするよう配慮することが必要である。

イ　時間外・休日労働の削減

　健康障害につながるおそれのある過重労働を防ぐには、時間外労働そのものを削減することが重要である。時間外労働は本来、臨時的な場合に行われるものであり、36協定（労働基準法第36条に基づく協定）の内容を「時間外労働の限度に関する基準」（平成10年労働省告示第154号）に適合したものにする必要がある。

　また、労働時間は、「労働時間の適正な把握のために使用者が講ずべき措置に関する基準」（平成13年4月6日基発第339号）に基づき、原則として、使用者が自らの現認、又はタイムカード、ICカード等の客観的な記録に基づいて確認し、記録する。

ウ　年次有給休暇の取得促進

　有給休暇を取得することは、心身の疲労回復につながり、過重労働による健康障害を防ぐことにつながる。

　年次有給休暇を取得しやすい職場環境づくり、計画的付与制度の活用等により、取得の促進を図る。

エ　労働時間等の設定の改善

労働時間や休日等の設定については，労働者の健康と生活に配慮するとともに，多様な働き方に対応したものへの改善が重要である。

「労働時間等設定改善指針」（平成20年厚生労働省告示第108号）が示されているので，この指針に留意しながら労働時間等の設定を行う。

オ　労働者の健康管理に係る措置の徹底

職場の健康管理体制の整備，健康診断及び事後措置の確実な実施，自発的健康診断制度の活用などを図るとともに，前述の面接指導を実施する。また，前述のストレスチェックも行わなければならない。

（7）治療と職業生活の両立支援

前述したとおり，一般健康診断における有所見率は5割を超えており，疾病のリスクを抱える労働者は増加する傾向にある。一方，医学の進歩によりかつては「不治の病」とされていた疾病の生存率が向上し，「長く付き合う病気」に変化しつつあり，労働者は病気になったからといってすぐに離職しなければならないという状況は当てはまらなくなっている。厚生労働省の推計によれば，仕事を持ちながら，がんで通院している人の数は32.5万人にのぼっているという。

今後，高齢化の進行に伴い，職場においても有病率の上昇を伴う労働力の高齢化が進むことが見込まれる中で，事業場において疾病を抱えた労働者の治療と職業生活の両立への対応が必要となる場面はさらに増えることが予想される。

そこで厚生労働省は平成28年，「事業場における治療と職業生活の両立支援のためのガイドライン」を公表し，事業者に対し，がんや脳卒中，心疾患，糖尿病，肝炎などの疾病を抱える労働者が，業務によって疾病を増悪させることなく治療と職業生活の両立を図るための取組みを求めている。

同ガイドラインでは，事業者が両立支援のために取り組むことが望ましい環境整備や，両立支援の具体的な進め方について記されているほか，とくにがんに罹患している労働者の両立支援に関する留意事項をまとめている。厚生労働省ではセミナーを開催するなど周知を図るとともに，産業保健総合支援センターによる，事業場や関係者に向けた各種支援を実施していくこととしている。

4　労働災害の原因調査及び再発防止対策

　労働災害は本来あってはならないものであるが，不幸にして発生した場合には，二度と災害を発生させてはならないとの強い意志で，速やかに災害調査を行い，災害原因を究明し再発防止対策を講じなければならない。また，これら一連の対応については，調査委員会を設置するなどできるだけ透明性を高め，第三者の専門家に調査に参加してもらうなど，労働者をはじめ関係者の信頼を得るように努めることが大切である。

（1）災害発生のメカニズム

　通常の業務においては，労働者である人が，職場という環境の中で，機械設備などの物を利用して，製造等のための作業をしている。リスクアセスメントとその結果に基づくリスク低減措置が適切に実施され，これら人，物，作業が図4－12のように，日々又は必要な時に適切かつ確実な管理が行われていれば，特別な事情がない限り災害が発生することはないといえる。

　しかしながら，実際には，これまで多くの災害が発生し，災害調査や災害原因分析が行われてきた。その結果によれば，災害発生の要因として「物」，「人」及び「管理」の要因があるとされている。

　厚生労働省では，「物」及び「人」の要因をそれぞれ「不安全な状態」及び「不安全な行動」として，表4－11，表4－12のようにまとめている。同省が平成22年に製造業で発生した休業4日以上の労働災害から抽出した28,644件の分析調査では，その原因として「不安全な状態のみ（分類不能を含む）」が認められたものが全体の3.5％，「不安全な行動のみ」が認められたものが2.4％，「不安全な状態」，「不安全な行動」がともに認められたものが94.1％であり，「不安全な状態及び不安全な行動」とも認められないものはわずか0.6％となっている。「不安全な状態」，「不安全な行動」をいかに職場から排除していくかが安全管理の目的ともいえる。この分析では，管理の状況までの分析は行われていないが，その多くは管理にも問題があったことが推察できる。

　「管理」の要因についての具体的な調査の例はないが，例えば，次のような観点から管理状況の確認が必要となる。

　① 管理責任者が決められているか，またその責任と権限が明確になっているか
　② 作業の指示，作業中の点検，監督指導等が適切に行われているか
　③ 作業手順や各種のマニュアルが整備されているか，機械設備や作業方法の変更

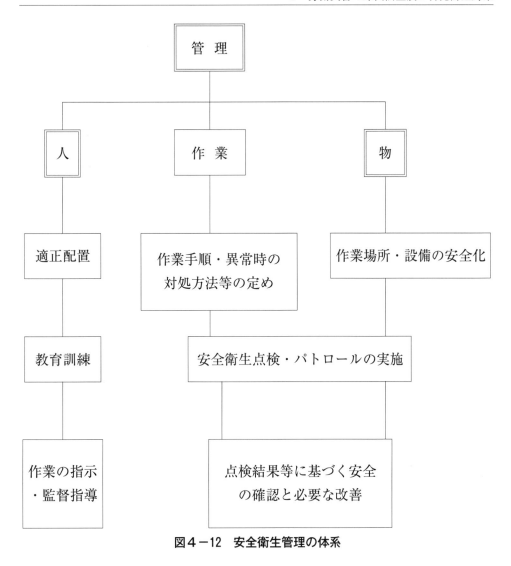

図4-12 安全衛生管理の体系

等に合わせて見直しがされているか,また,それらの中で安全が考慮されているか
④ 機械設備の点検方法,異常時の処置方法が定められているか
⑤ 安全衛生教育の実施計画が定められているか
⑥ 安全衛生教育が実施されているか,作業手順について変更時も含め周知徹底されているか,異常時の対処方法等についての教育訓練がなされているか
⑦ 適正配置がなされているか,日々の健康状況が確認されているか

(2) 災害調査とその留意点

災害調査は二度と同様の災害を発生させないために行うものである。したがって,被災の状況と災害発生に結びつくあらゆる問題点を洗い出すことが前提となる。

表4-11 不安全な状態（厚生労働省）

1　物自体の欠陥 　a　設計不良 　b　構成材料・工作の欠陥 　c　老朽，疲労，使用限界 　d　故障未修理 　e　整備不良 　f　その他	5　作業環境の欠陥 　a　換気の欠陥 　b　その他
2　防護措置・安全措置の欠陥 　a　防護・安全装置がない 　b　防護・安全装置が不完全 　c　接地又は絶縁なし，不十分 　d　遮蔽なし，不十分 　e　区画，表示の欠陥 　f　その他	6　部外的・自然的不安全な状態 　a　物自体の欠陥 　b　防護措置の欠陥 　c　物の置き方，作業場所の欠陥 　d　作業環境の欠陥 　e　交通の危険 　f　自然の危険
3　物の置き方，作業場所の欠陥 　a　通路が確保されていない 　b　作業場所の間隔，空間不足 　c　機械・装置・用具・什器の配置の欠陥 　d　物の置き場所の不適切 　e　物の積み方の欠陥 　f　物のたてかけ方の欠陥 　g　その他	7　作業方法の欠陥 　a　不適当な機械，装置の使用 　b　不適当な工具，用具の使用 　c　作業手順の誤り 　d　技術的・肉体的な無理 　e　その他
4　保護具・服装等の欠陥 　a　はき物を指定していない 　b　手袋の使用禁止をしていない 　c　その他保護具を指定していない 　d　その他服装を指定していない	8　その他および分類不能 　a　その他の不安全な状態 　b　不安全な状態がないもの 　c　分類不能

表4-12 不安全な行動（厚生労働省）

1　安全装置・有害物抑制装置を無効にする 　a　安全装置等をはずす，無効にする 　b　安全装置等の調整を誤る 　c　その他防護物をなくす	7　保護具・服装の欠陥 　a　保護具を使わない 　b　保護具の選択，使用方法の誤り 　c　不安全な服装をする
2　安全措置等の不履行 　a　不意の危険・有害に対する措置の不履行 　b　機械・措置を不意に動かす 　c　合図，確認なしに車を動かす 　d　合図なしに物を動かしまたは放す 　e　その他	8　その他危険有害場所への接近 　a　動いている機械，装置等に接近しまたは触れる 　b　つり荷に触れ，下に入りまたは近づく 　c　危険有害な場所に入る 　d　確認なしに崩れやすい物にのるまたは触れる 　e　不安全な場所にのる 　f　その他
3　不安全・不衛生な状態の放置 　a　機械・装置を運転したまま離れる 　b　機械・措置を不安全・不衛生な状態にして放置する 　c　工具，用具，材料，くず等を不安全・不衛生な状態に置く 　d　その他	9　その他の不安全・不衛生な行為 　a　道具のかわりに手などを用いる 　b　荷の中ぬき，下ぬきをする 　c　確認しないで次の動作をする 　d　手渡しのかわりに投げる 　e　飛び下り，飛びのり 　f　不必要に走る 　g　いたずら，悪ふざけ 　h　その他
4　危険または有害な状態を作る 　a　荷などの積み過ぎ 　b　組み合わせては危険なものを混ぜる 　c　所定のものを不安全・不衛生なものにとりかえる 　d　その他	10　運転の失敗（乗り物） 　a　スピードの出し過ぎ 　b　その他の不安全な行動で
5　機械，装置等の指定外の使用 　a　欠陥のある機械・装置，工具，用具等を用いる 　b　機械・装置，工具，用具等の選択を誤る 　c　機械・装置等を指定以外の方法で使う 　d　機械・装置等を不安全な速さで動かす	11　誤った動作 　a　荷などの持ち過ぎ 　b　物の支え方の誤り 　c　物のつかみ方が確実でない 　d　物の押し方，引き方の誤り
6　運転中の機械・装置等の掃除・注油・修理・点検等 　a　運転中の機械・装置の 　b　通電中の電気装置の 　c　加圧されている容器の 　d　加熱されているものの 　e　危険物が入っているものの 　f　その他	12　その他および分類不能 　a　その他の不安全・不衛生な行動 　b　不安全・不衛生な行動のないもの 　c　分類不能

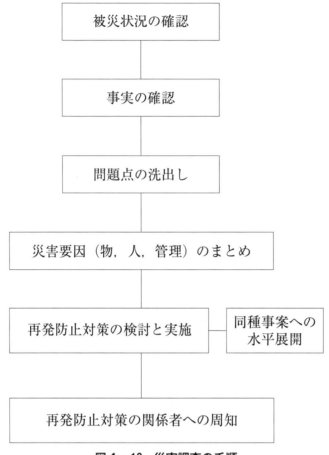

図4-13 災害調査の手順

　そのためには，被災者の被災状況と被災時の作業の状況を被災者や管理者をはじめ関係者から聴き，また，実際に災害現場を調査などして，まずはすべての事実を明らかにする必要がある。そのうえで，作業手順，異常時の対処方法などの定められたルールとの乖離がなかったか，機械設備に異常はなかったか，当日の作業や機械設備の管理の状況に問題がなかったかを検討することとなる。定められたルールは守られていたとしても，そのルールに問題がなかったかも検討する必要がある。すべての事実が把握され，問題点が洗い出されると，問題点を「物」，「人」，「管理」の要因に整理してまとめ，再発防止対策を検討していくこととなる。

　また，災害調査において大切なことは，調査の実施主体，調査結果の評価，再発防止対策の検討とその実施，教育を含めた再発防止対策の周知徹底，同種の作業や機械設備への水平展開などについて，事業場として組織的に対応していくことである。総括安全衛生管理者のもと，安全管理者，衛生管理者，産業医などのスタッフ，現場部門，安全衛生委員会など，それぞれの役割と機能を十分活用して組織的に対

応していくことが大切である。災害調査の手順は概ね次のようにまとめることができる。

災害調査を行ううえでの留意点は，以下のとおりである。

① 被災者の特性について，年齢，職種，当該作業の経験年数，安全衛生関係の各種の資格及び教育の受講歴のほか，持病及び最近の疲労・睡眠も含めた健康状況，超過勤務の状況，悩み・ストレスの状況，過去の災害歴なども把握しておくとよい

② 当日の作業が定常作業か非定常作業か

③ 非定常作業であれば，初めての作業かどうか，過去の作業歴，また，当該作業の作業手順などルールを定めていたか，あるいは的確な作業指示をしていたかどうか

④ 定常作業の場合にあっても，作業中に，機械設備のトラブル等によって点検や調整の作業が発生するなど作業の変更があったかどうか。また，作業の変更が管理者に報告されたか，報告が制度化されていたか。適切な作業の指示がなされていたか

⑤ 共同作業の場合には，合図など相互のコミュニケーションがよくとられていたか

⑥ 機械設備に異常な音，振動等の変調や予兆はなかったか。導入して間もない機械設備であればその取扱いに習熟していたか，また，どの程度，教育訓練されていたか

⑦ 管理者は適宜必要な指示をしていたか。指示は明確に被災者に伝わっていたか，誤解されやすい指示の内容ではなかったか

⑧ 管理者は適宜作業を監視していたか

(3) 再発防止対策の実施とその留意点

再発防止対策を考える場合には，災害調査で明らかとなった「物」，「人」，「管理」の要因それぞれに対応する対策を検討することはもちろんであるが，二度と再び同じような災害を起こしてはならないということからすれば，根本的な対策すなわち本質安全化となる対策を最優先に検討すべきである。

まずは「物」の要因について，リスクアセスメントとリスク低減措置の手法と考え方を用いて対策を講じていくこととなる。

「人」の要因については，適正配置への気配りがまず必要であり，次いでなんといっ

ても繰り返し教育訓練を行うことが基本であるが，特に雇い入れて間もない新人や配置転換して間もない者であるとか派遣労働者については，OJT も含めて教育訓練の徹底が必要となる。

　また，日々の健康状況のチェックも大切なことであり，場合によっては就業を認めないことや早退等も考慮する必要がある。

　さらに，「管理」の要因に対応する対策としては，例えば，次のような対策が考えられる。

① トップダウン・ボトムアップを励行しやすいよう組織の風通しをよくする
② 責任と権限を明確にした安全管理体制に見直す
③ 安全管理の担当者は専任の者とする，また複数の者を置く
④ 職場ごとに安全衛生のための委員会を設置し定期に会合を持つ
⑤ 職長等の教育の機会を増やすとともに，内容を充実させる
⑥ 安全衛生の各種規程や作業手順を見直したうえで整備し，教育訓練等を通じ周知徹底を図る
⑦ 作業計画，作業指示等を言葉だけでなく，わかりやすく文書化しツールボックス・ミーティングなどで具体的に指示・説明することを制度化する。

　最後に，不幸なことも時が経過するうちに忘れ去られていく。労働災害も時とともに忘れられ，いつの日かまた発生する。こうしたことが繰り返されてきたことも忘れてはならない。労働災害は正確に記録し，何時でも，誰でも，見ることができるように保存し伝えていかなければならない。

5　労働安全衛生マネジメントシステム

（1）労働安全衛生マネジメントシステムとは

　労働安全衛生マネジメントシステム（以下，単に「OSHMS」という。OSHMS：Occupational Safety and Health Management System）は，事業者が労働者の協力のもと，事業経営の中に組み入れて，「計画－実施－評価－改善」という一連の過程（以下「PDCA サイクル」という。）を定め，連続的かつ継続的な安全衛生管理を自主的に行うものであり，事業場の労働災害の潜在的危険性を低減するとともに，労働者の健康の増進及び快適な職場環境の形成の促進を図り，事業場における安全衛生水準の向上に資することを目的とした新しい安全衛生管理の仕組みである。

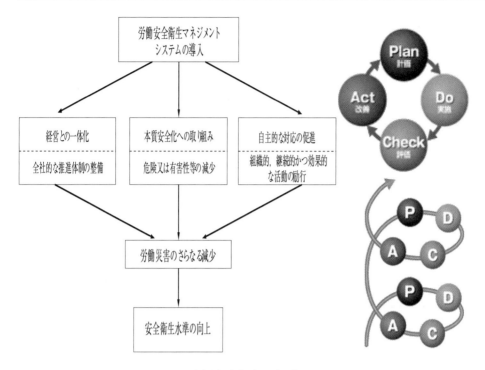

図4-14 労働安全衛生マネジメントシステム

マネジメントシステムとして，すでに品質管理や環境管理の分野で ISO において国際規格化されている。これらの規格は，公正な国際取引を確保し取引の信用を高めるために，企業経営に一定の条件を課したものである。

OSHMS は労働災害防止のためのものであり，労使一体となった取組みが肝要であることから，ILO のガイドラインとして国際基準が定められていて，わが国では，ILO のガイドラインに準拠して厚生労働省が「労働安全衛生マネジメントシステムに関する指針」（平成11年労働省告示第53号，改正：平成18年厚生労働省告示第113号）を公表している。

一方，ISO でも「ISO45001」として OSHMS の国際規格化の検討が進められており，早ければ平成29年にも発行される見通しとなっている。

（2）OSHMS の導入の必要性

ア　数多く存在するハザード

　　わが国の労働災害による被災者数は，平成20年でみると1,200人を超える尊い命が失われ，労災保険新規受給者数は約55万人にも上っている。昭和30年代，40年代の水準と比較すれば相当の減少が図られたものではあるが，必ずしも事

業場における安全衛生水準が満足できるものになったことを意味するわけではない。厚生労働省の調査では、災害には至らなかったがヒヤリハットを体験した者は多く、製造業では調査した労働者の実に65％に達している。

現在でも、潜在的な危険有害要因（ハザード）は事業場の中に数多く存在しており、何年かに1回の割合で大きな災害、最悪の場合には死亡災害という形で顕在化している。

また、新たな技術や物質の出現により、今までになかったハザードが生じてきている。

イ　安全衛生ノウハウの継承困難

事業場では、安全衛生パトロール、ヒヤリハット報告、危険予知活動など、さまざまな自主的安全衛生活動が職場の創意工夫により進められてきている。しかし、従来これらの活動を組織的かつ継続的に改善し維持していくためのシステムが整備されていなかったため、その時その場の対策で終わってしまうことも否めない実態であった。また、現場の管理者が熱心である場合は的確な安全衛生対策がなされるが、安全衛生への関心がない場合や安全衛生に経験のない管理者が配置された場合、それまでの安全衛生対策が継続されなくなるという面が認められる。

特に昭和30年代、40年代の災害が多発していた時代を経験している安全衛生の管理者等が次々と退職していくなかで、これらの者が有している安全衛生に関するノウハウを組織の中に確実に引き継いでいくことが重要となっている。

(3) OSHMSの要点

以下、厚生労働省の指針に示された主要な次の3つの事項について述べる。

ア　安全衛生に関する方針の表明に関すること

安全衛生方針は、事業場トップの安全衛生水準の向上を図るための基本的考え方を示すものである。安全衛生方針は、OSHMSを運用していく最も基本となるものであり、単なるスローガンではなく、事業者の安全衛生に対する基本姿勢や理念とともに重点課題への取組みが明快に示されていることが必要である。指針では、安全衛生方針には次の事項を含めるものとされている。

① 労働者の協力の下に、安全衛生活動を実施すること

OSHMSの構築、実施・運用は事業者すなわち経営者の責任であるが、こ

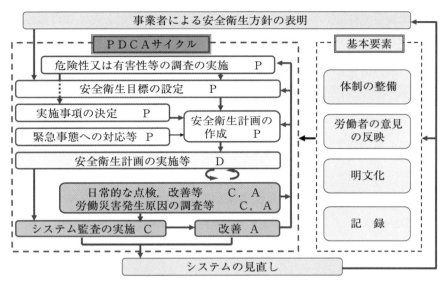

図4-15 労働安全衛生マネジメントシステムに関する指針のフローチャート

れを確実なものとするためには，労働者の協力が不可欠である。このため，安全衛生方針の中にこのことを含めて表明することとされている。

② 法又はこれに基づく命令，事業場において定めた安全衛生に関する規程等を遵守すること

　企業経営において，法又はこれに基づく命令を遵守すること，すなわちコンプライアンスが必要であることはもちろんのこと，OSHMSを運用するに当たっては，事業場における安全衛生規程等も守ることが前提でなければ意味のないものとなることから，安全衛生方針の中に含めることとされている。

③ OSHMSに従って行う措置を適切に実施すること

　OSHMSを導入するとした場合にこのことは当然であるが，事業者が決意を示すとの意義もあり，安全衛生方針に含めることとされている。

（参考）安全衛生方針に盛り込まれる内容の例

① 安全衛生に関する法令や社内規程を遵守すること。
② 全従業員の参加を促し，理解と協力を求めること。
③ 労働災害が生じるリスクを評価し，リスクの低減を図ること。
④ 安全衛生に経営資源（人材，予算）を投入すること。

安全衛生方針は，各級管理者はもちろんのこと，労働者をはじめとして構内の関係請負人など，この方針に基づく安全衛生管理に協同して取り組むことが求められる関係者へ周知する必要がある。

イ　リスクアセスメントに関すること

職場の危険性又は有害性についてリスク評価を行い，その結果に基づき必要な措置を講ずること（以下，単に「リスクアセスメント」という。）は，平成17年の安衛法の改正により新たに事業者の努力義務とされた事項であるとともに，OSHMSにおける主要な実施事項の一つである。

なお前述のとおり，平成26年の安衛法改正により，化学物質のリスクアセスメントに関しては，一定の危険性・有害性のある物質について，平成28年から実施が義務づけられている。

① リスクアセスメントの基本

労働者の安全と健康を確保するために，単に「労働安全衛生法令を遵守すればよい」ということでは十分ではないということはもちろん，今日では，事業者は労働者の安全と健康の確保にできる限り努めなければならないというのが社会の当然の要請になっている。この要請に応えるためには，事業者は「実行可能な限り事業場における安全衛生水準を最大限に高めることができる方法」を組み込んだ安全衛生管理を行う必要がある。これを実現するための有力な方法の一つがリスクアセスメントである。

リスクアセスメントは，次のように，リスクの低減を体系的に進める手法である。

・事業場のあらゆるハザードを洗い出し，特定する。
・それらのリスクの見積りを行う。
・優先的に対処しなければならないリスクを明らかにする。
・リスク低減措置を検討・実施するとともに，残留リスクについても必要な措置を検討・実施する。

現在，多くの事業場で，職場に存在するハザードを洗い出し，そのリスク評価をして，事前の安全衛生対策を立てるために，安全衛生パトロール，安全衛生診断，KY活動などが一般的に行われている。リスクアセスメントは，これらの経験的な活動に対し，体系的，論理的及び計画的に事前の安全衛生対策を進める点に特徴がある。

② リスクアセスメントの基本的な手順

リスクアセスメントの手順は54ページや65ページに記したとおりである。

③ リスクアセスメントの意義と効果

リスクアセスメントを導入することにより，次のような効果が期待できる。

・リスクに対する認識を共有できる

リスクアセスメントは現場の作業者とともに管理・監督者が進めるので，職場全体で安全衛生のリスクに対する共通の認識を持つことができるようになる。

・リスク低減措置を講ずべきリスクの合理的な優先順位が決定できる

リスクアセスメントではすべてのリスクを許容可能なリスク以下にするよう低減措置を講ずるが，リスクの評価結果等によりその優先順位を決定することができる。

・本質安全化を主眼とした技術的対策への取組みができる

リスク低減措置はリスクレベルに対応して，採るべき措置の優先順位が定められていることから，まずは，本質安全化を主眼とした技術的対策への取組みが検討されることになる。特に，リスクレベルの大きい場合は本質安全化に向けた対策を取り組むことになる。

・費用対効果の観点から有効な対策が実施できる

リスクレベルに対応して講ずべきリスク低減措置の検討に際しては，措置ごとに緊急性と人材や資金など，必要な経営資源が具体的に検討され，費用対効果の観点から合理的な対策を実施することができる。

・残留リスクに対して「守るべき決めごと」の理由が明確になる

技術的，時間的，経済的にすぐにリスク低減ができない場合，作業方法・手順の改善，管理監督者や作業者の教育など，残留リスクに対応した管理的な措置を講じることが必要となる。この場合，リスクアセスメントに作業者が参加していると，なぜ，注意して作業しなければならないかの理由が理解されているので，守るべき決めごとが守られるようになる。

ウ　安全衛生計画の作成，実施，評価及び改善に関すること

① 安全衛生計画の作成

OSHMSでは，安全衛生方針に基づき，事業者が安全衛生目標を設定して，それに向かって自主的に努力することが必要とされている。その安全衛生目標

を達成するための具体的な実施事項と，目標達成に向けたスケジュール，担当等を定めたものが，安全衛生計画である。安全衛生計画は事業場レベルの年間計画が基本であるが，事業場の規模等を勘案し，必要に応じて，例えば，中長期的な計画，部門や職場の計画などをあわせて作成するのが効果的である。

　　安全衛生計画の内容は，リスクを優先度に従って除去・低減するための実施事項や，安全衛生関係法令，事業場の安全衛生規程に基づく実施事項を踏まえて決めていくが，実行性を十分考慮し，過去の，例えば前年度の安全衛生目標の達成度合いや安全衛生計画の実行結果を参考にすることなどができる。

② 　安全衛生計画の実施

　　安全衛生計画の実施に当たっては，計画が計画どおり確実に実施されるよう詳細な事項を決定し，事業場及び各部門においてこの実施管理を行うことが必要となる。そのため，担当部門，実施時期，実施方法等を示した具体的な実行計画が定められ，この実行計画に従って安全衛生計画が推進される。

　　計画に盛り込まれた目標の達成のためには，設備改善，外部機関による各種機械の検査，健康診断，作業環境測定の実施等費用の支出を伴うものがあり，これらの予算を確保する必要がある。

　　また，労働者の協力の下にOSHMSを推進していくためには，安全衛生計画の実施についても，その内容を労働者に確実に周知しておくことが必要となる。

③ 　安全衛生計画の評価・改善

・日常的な点検・改善

　　安全衛生計画は，事業者の方針を受けて具体的に定められた目標を計画期間内に確実に達成することがその目的である。このため，安全衛生計画の進捗状況や安全衛生計画の目標達成状況について，担当の部門（ライン）や安全衛生部門（スタッフ）等が日常的に点検・評価を行い，これらの状況について問題が認められたときには，改善を行うことが必要である。

　　また，これらの点検，評価，改善の結果については，次回の安全衛生計画に反映させることにより，一層の安全衛生水準の向上が図られる。

・3つのCA

　　PDCAサイクルを適切にまわすために重要なことは，それぞれの安全衛生活動が，計画や実施要領に基づき実施されているか，効果が上がっているか，効果が上がっていない場合は必要な修正や改善が行われているか，

というように,CA(評価・改善)を適切に行うことである。

このため,OSHMSでは,ⅰ)上に述べた日常的な点検・改善に加え,ⅱ)システム監査,ⅲ)事業者によるOSHMSの見直しの3つのCAを行うことが求められている。これらの3つのCA(図4－16参照)を,それぞれの階層において適切に実施することが事業場全体のPDCAサイクルを適切にまわすということにつながる。

ⅱ)の「システム監査」は,安全衛生計画の実施担当部門等の当事者が行う日常的な点検,評価,改善とは異なり,事業場内における他部門に対し公平・公正を期して第三者の立場で行う評価,改善である。

ⅲ)の「事業者によるOSHMSの見直し」は,OSHMS全般について事業者の責任で行うものであり,定期的なシステム監査の結果を踏まえ,事業者自らがOSHMSの妥当性と有効性という観点から,安全衛生方針,OSHMSの中で作成された各手順などを包括的に評価して,実施するものである。OSHMSの見直しは,OSHMSの妥当性及び有効性を確保するものであり,OSHMS全体の方向性にかかわる大変重要な評価・改善である。

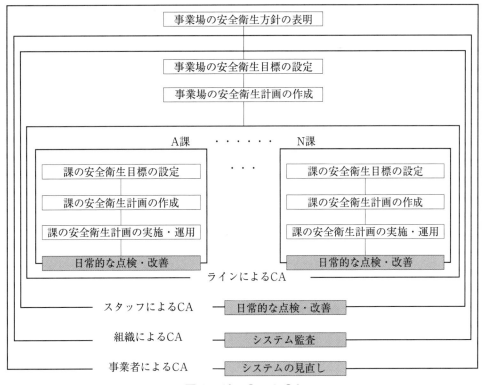

図4－16　3つのCA

6　自主的安全衛生管理活動の推進

（1）ゼロ災害全員参加運動
ア　ゼロ災害全員参加運動とは
　ゼロ災害全員参加運動（以下「ゼロ災運動」という。）は，「働く人の立場に立って人間一人ひとりを大事にし，ゼロ災害，ゼロ疾病を究極の目標に職場の危険や問題点を全員参加で解決し，安全と健康を先取りすることによって明るくいきいきとした職場風土づくりをめざす運動」である。具体的には，職場の安全先取り活動である危険予知（KY）活動，指差し呼称，４Ｓ活動等を行うことによってヒューマンエラーによる事故を防止し，職場の安全水準を上げるための現場力の向上を図る運動として多くの職場で導入されている。

　職場の安全衛生を確保するには，労働安全衛生マネジメントシステム（OSHMS）を確立し，生産管理等と一体的に運用することが今後ますます求められている。そのためには，リスクアセスメント等による潜在するリスクを低減させるための取組みが有効である。

　リスクアセスメントは，機械の安全化等設備面の改善を優先して対策を進める取組みである。しかしながら，技術的，時間的，経済的理由あるいはリスクレベルにより，直ちに設備面の改善を行えない場合には，マニュアルの整備，立ち入り禁止措置等ルールの確立，働く人に行動規範を求める管理的な措置で対応することとなる。

　しかし，これら管理的措置を講じてもなお，時として，うっかり，ぼんやり，近道，省略といった人の行動特性によって思わぬ事故が発生する。これを防止するためには，現場第一線の参加を得て，常日頃から職場の仲間同士の本音の話し合いを通じて，その共同努力により危険を回避する日常的な取組みが必要である。ゼロ災運動で提案している危険予知（KY）活動はその代表的な活動である。

　また，日常的に危険予知（KY）活動を行う職場では，常日頃から危険（ハザードやリスク）を発見することの訓練がされて危険感受性が高まることから，リスクアセスメントの危険性又は有害性の特定がスムーズに行える。つまり，リスクアセスメントもKY活動も両者の利点をうまく活用して進めることが重要である。

　安全衛生活動は，トップや管理者層の交代，業務量の増加，過当競争激化等

さまざまな要因により後退してしまうという可逆性の高い側面がある。安全衛生活動を維持継続させるためには，OSHMSを初めとする恒久的な安全衛生の仕組みを構築するとともに，組織の構成員すべてが自ら進んで職場の危険や問題の解決に参加し，明るくいきいきとした職場風土づくりに取り組むことが必要である。この職場風土づくりを進める運動がゼロ災運動である。

イ　ゼロ災運動の理念

　　職場にはいろいろな人が働いている。それぞれが固有名詞を持つ人たちであり，誰一人ケガをしてもよい人，死んでもしかたがない人などいない。誰一人ケガをさせまい，そのために，全員参加で安全と健康を先取りしていこうという人間尊重の実現がゼロ災運動の出発点であり，理念である。ただ，単なる理念だけの精神運動ではなく，理念を実現するための手法があり，その手法を活かした実践プログラムをつくり日々職場で展開されて初めて魂の入った活動となる。

ウ　職場第一線の活動を支えるトップ・ライン管理者

　　ゼロ災運動は，安全衛生管理の徹底と併せて，職場第一線の自主活動，すなわち，「自分の安全は自分で守る」「仲間の安全はみんなで守る」という自ら進んでやる気を持って行う職場自主活動によって安全衛生のライン化を完成させる運動でもある。職場自主活動がうまくいくかどうかは，トップのこの活動への理解と管理監督者の職場第一線への指導援助，ねぎらいとフォローが鍵となる。

(ア)　まずはトップの強いリーダーシップ

　　　事業場のトップは，ゼロ災運動の推進を表明し，ゼロ災運動の推進者となる管理監督者，安全衛生スタッフ等に対して，ゼロ災運動の意義及び各種安全先取り手法等の習得を促す等，トップ自らゼロ災運動推進への強いリーダーシップを発揮する。トップの決意でゼロ災運動の成否は決まる。

(イ)　管理監督者の率先垂範及び安全衛生スタッフのサポート

　　　管理監督者は，トップのリーダーシップを踏まえ，ゼロ災運動の意義及び安全先取り手法等の理解に努め，自らこの運動へ積極的に参加し，職場への普及・定着に努める。

　　　具体的には，危険予知活動手法等を活用した実践プログラムを作成し，自ら職場への指導，援助を行い，ゼロ災運動の定着に努める。

　　また，安全衛生スタッフは，管理監督者のゼロ災運動の取組みに対して，各種危険予知活動手法の紹介や具体的進め方を助言する等管理監督者をサポートする。

（ウ）　職場自主活動の活発化による現場力の強化

　　働く人一人ひとりが，安全と健康を自分自身，仲間同士の問題ととらえ，毎日のツールボックスミーティング（TBM）で短時間の危険予知活動を実践し，職場自主活動の活発化を図る。

エ　職場自主活動の課題

　　職場小集団の話し合いは，さまざまな職場の問題解決や自主的推進への意欲を高める効果的な活動として職場自主活動と呼ぶ。しかしながら，危険は毎日毎日，時々刻々，一瞬一瞬いつ何時に起こるかも知れない。人間はついウッカリしたり，ボンヤリしたりする。錯覚し，横着して近道したり，省略したりする。これらのヒューマンエラーによって引き起こされる事故や災害を，月1回の安全ミーティングのみで，防止することはできない。また，多忙な職場では話し合いにかける時間も限られてしまうという課題がある。これらの課題に対して，毎日毎日，短時間にその日の作業の危険（問題）を発見・把握・解決する話し合いの手法として生まれたのが危険予知訓練（KYT）である。危険予知訓練を初めとする危険予知活動（KY）手法が多くの事業場で取り入れられ実践された結果，さまざまな短時間の安全先取り手法が開発された。

オ　主な危険予知活動手法

（ア）　指差し呼称

　　指差し呼称は，作業行動の要所要所で，自分の確認すべきことを「○○ヨシ！」と，対象に腕を伸ばしてしっかり指差し，はっきりした声で呼称して確認することによって作業を安全に，誤りなく進めていくために行う確認手

6 自主的安全衛生管理活動の推進

法である。

(イ) 指差し唱和

　　指差し唱和は，リーダーがスローガン等の対象を「○○ヨシ！」と唱和し，続けてメンバー全員で対象を指差し，唱和することにより，その目標に気合を一致させ，チームの一体感・連帯感を高めることをねらう手法である。

(ウ) タッチ・アンド・コール

　　タッチ・アンド・コールは，チーム全員が手を合わせたり，組み合わせたりし，リーダーのリードでスローガン等を唱和する。全員でスキンシップを図りチームの一体感・連帯感を高めるとともに，無意識的にも安全行動のとれる人づくりをねらいとする手法である。

(エ) 健康 KY

　　監督者が部下の健康状況を自己チェックさせたり，観察したり，問いかけることにより，適切な指導や作業上の必要な措置を行うための手法である。特に高所作業などに従事させるときには，強い関心をもって行う等，健康が安全作業の基本だという認識から生まれた手法である。

(オ) 危険予知訓練

　　危険（キケン）のK，予知（ヨチ）のY，訓練（トレーニング）のTをとって，KYT という。KYT とは，危険に関する情報をお互いに寄せ集め，話し合って共有化し合い，それを解決していく中から，危険のポイントと行動目標，指差し呼称項目を定める手法である。KYT を日常的に訓練することにより，危険に対する感受性，集中力，問題解決能力を高めるほか，「自ら進んで取り組むことにより，実践への意欲を高め，いきいきとした職場風土づくりに効果を上げる。

　　KYT は，KYT の基本手法である「KYT 基礎4R（ラウンド）法」をベー

スに産業現場の中で,短時間に活用できる多くの応用手法が生み出された。主な活用レベルの代表的な手法を紹介する。

① 作業指示者レベル

作業を安全で誤りなく進めさせるには,監督者の適切な作業指示が重要な要素となる。適切な作業指示とは,5W1H(なぜ,誰が,いつ,どこで,何を,どのように)により作業指示のもれをなくすとともに,KYのポイントを確実に伝える必要がある。また,復唱,復命を活用し作業指示者の指示が適切に伝わったかを確認することもミスの防止に欠かせない。これら作業指示者レベルのKYTとして開発された手法に「作業指示STK(作業・チーム・危険予知)訓練」,「適切指示即時KYT」等の手法がある。

② チームレベル

始業時,現場到着時,作業開始時等,その時その場に即して,チームでごく短時間に行うKYT手法が多くの業態で創意工夫され生み出された。「ワンポイントKYT」,「SKYT(ショートタイムKYT)」はその代表的手法であり,5分,3分と短時間に行うKYT手法として多くの事業場で実践されている。

③ 1人レベル

特に非定常作業における安全確保に有効な手法として開発されたのが「自問自答カード1人KYT」である。1人KYの問題点は,1人で早く実践しようとするために重要危険を見落とす可能性があることから自問自答項目のチェックにより重要危険の見落としを防ぐ手法である。

(カ) ゼロ災チームミーティングシナリオ役割演技訓練

始業時等にリーダーを中心に行うチームミーティングのシナリオを作成し,そのシナリオを数人のメンバーできびきびと役割演技(ロール・プレイング)することによって,短時間の充実したツールボックスミーティング(TBM)の定着化を図る手法である。単一の手法を組み合わせ,現場の実践活動に即応用ができ,しかも双方向のコミュニケーションが図られることから「現場力」を向上させる手法として活用されている。

カ 日々の危険予知活動の実践

日々の作業に指差し呼称,指差し唱和,健康KY,各種KY手法を組み込み毎日実践していくプログラムを現場に提供するのは管理監督者の役割である。

日々の作業は大別して，作業前，作業中，作業後に分けられるが，こうした1日の作業サイクルに各種安全先取り手法を組み込み毎日実践することを「安全作業KYサイクル」と呼ぶ。建設業では，「安全施工サイクル」とも呼ばれている。「安全作業KYサイクル」を日々，月，年とまわすことにより，各種手法が実践活動として生かされ人間尊重理念の実現に向けた組織ぐるみの活動となる。実施例は以下のとおり。

（ア）作業前

　作業前には，指差し呼称による始業前点検，監督者による部下の健康観察・健康問いかけ，一言スピーチ，目標唱和，適切作業指示，実践KY等を行う。

（イ）作業中

　作業中には，指差し呼称による安全確認，現地現物KY，管理者の職場巡視の際の問いかけKY，非定常作業時には作業指示STK訓練を活用し作業指示者による適切作業指示等を行う。

（ウ）作業後

　作業後には，指差し呼称による就業時点検，ヒヤリ・ハット報告，帰宅時，出勤時を想定した交通KYT等を行う。

（2）快適な職場づくり

　近年，すべての労働者にとって仕事による疲労やストレスを感じることが少ない働きやすい職場を実現していくことが，企業にとって重要な課題となってきている。国では平成4年5月に安衛法を一部改正し，快適職場づくりを事業者の努力義務とし，同法に基づいて「事業者が講ずべき快適な職場環境の形成のための措置に関する指針」（快適職場指針）を厚生労働大臣名で公表している。

　労働安全衛生関係法令等においては，従来から事業場における作業環境，作業方法，休憩室，食堂等についての安全衛生に関する基準を定めている。しかし，これらの規定は労働者の危険又は健康障害を防止するため事業者が最低限講ずべき措置を定めたもので，これらの基準を遵守することは事業者の義務となっている。

　一方，快適な職場環境の形成への取組みは，事業者の自主的な努力により進めていくものである（努力義務）。事業者が，労働安全衛生関係法令等で定めている最低限の基準をクリアしたうえで，快適職場指針に定めるところにより，労働者が疲労やストレスを感じることの少ない快適な職場環境を形成するよう求められている。

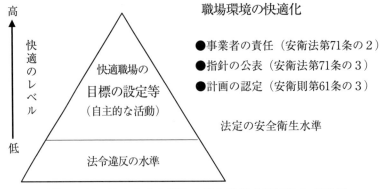

図4-17　法定の安全衛生水準と職場の快適化との関係

　すなわち，事業者には，この指針に従って快適な職場環境の実現に向けて，次の措置を継続的かつ計画的に講ずるよう求めているわけである。
　①　労働者が不快と感じることのないよう，空気の汚れ，臭気，温度，湿度等の作業環境を適切に維持すること。
　②　作業に伴う労働者の心身の負担を軽減するため，相当の筋力を必要とする作業等について，作業の方法を改善すること。
　③　疲労やストレスを効果的に癒すことのできる休憩室等を設置すること。
　④　洗面所，トイレ等労働者が職場生活で必要な施設を清潔で使いやすい状態とすること。
　このように職場が快適にあるためには，作業環境，作業方法等のハード面の快適化が欠かせない。しかし，近年，職場の人間関係や仕事のやりがい等の職場環境のソフト面に関する様々な問題が生じている。このようなソフト面の課題を早期に発見し対応することによって，職場で働く人々はより快適に働くことができるのである。
　職場環境のソフト面の現状や課題を的確に把握し，改善に役立てるための調査票「快適職場調査（ソフト面）」が国の委託調査研究により開発された。
　快適職場調査（ソフト面）は，従業員と管理者（人事・労務担当者，ライン管理者など）が，35問の簡単な質問票にそれぞれに回答し，結果を集計することにより，職場環境のソフト面の7つの領域（図4-18参照）について，従業員側の意識と管理者（事業場）側の意識及びその違いを調べ把握できるようになっている。これにより，人事労務管理，キャリア形成・開発，メンタルヘルスなど職場のソフト面のさまざまな問題を見つけ，改善に結びつけることが可能となる。快適職場調査（ソフト面）は公表されており自由に利用することができる。
　（参照　http://www.jaish.gr.jp/user/anzen/sho/sho_07-P17s.pdf）

(3) 日常の安全衛生活動

　安全衛生管理は決して一部の専門スタッフや管理・監督者だけで進めるものではない。本来，安全衛生活動は，職場に存在するリスクを低減させる活動であるから，当事者である職場の人たちが参加しなければ，効果的な活動はできない。以下，職場で進める安全衛生活動について述べる。

　ア　安全衛生活動のねらい

　　職場における安全衛生活動は，いくら活発な活動であっても，その活動が実質的な災害防止に役立っていなければ直ちに見直す必要がある。災害防止効果は，災害件数が減ったこととは限らず，むしろ災害に結びつくおそれのあるリスクがどの程度低減したかという観点で考える必要がある。

　　したがって安全衛生活動を進める際は，災害を起こす要因となっている背景に注目することが最も重要である。

　　そのためには，計画段階で十分な現状把握を行い，職場の安全衛生ニーズを把握することによって，労働災害防止効果が期待できる安全衛生活動を実現することができるのである。

　イ　職場の安全衛生活動の進め方

　　① 適切な活動計画を立てる

　　　職場における安全衛生活動は，安全衛生管理の中の一部分なので，その職

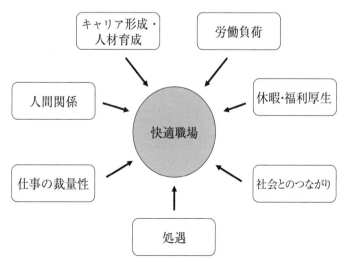

図4－18　職場環境のソフト面の7つの領域

場のニーズにあった活動計画を立てる。安全衛生計画を管理の基本であるPDCAの流れで策定したように，職場における安全衛生活動についても同様にPDCAが回るように計画する。

② 全員が参加できる活動内容とする

職場の活動とする以上，職場の全員が参加できるプログラムとする。職場の安全衛生活動は職場の全員が積極的に加わらせることが最大の狙いである。

③ 活動を推進する組織を考える

作成したプログラムをいきなり職場に投げかけても，その活動はうまく動かない。職場の中にリーダー，世話係等を決めるとともに，管理監督者や安全衛生スタッフが活動をサポートする体制を作ることが重要である。また，職場の組織が他の職場の活動組織と連携を取れるような横のつながりを考えておくことも必要である。

④ 管理監督者が率先垂範する

職場の安全衛生活動を効果的に進めるためには，職場の管理監督者が自ら先頭に立ち，積極的に参加することが必要である。職場の活動だからといって，部下に任せ放しではいけない。職場の人たちは先頭に立つ上司の行動を見て，自らの参加意識を高めていっているのである。

⑤ PR方法を考える

職場の安全衛生活動に参加する人たちは，はじめからその活動に興味を持っているとは限らない。したがってこの活動を進めるためには，まず職場の人たちの参加意欲を高めるための積極的なPR活動が必要である。PR手法は，管理監督者が熱心に説明し，自ら率先垂範して活動に参加することが最も重要である。

⑥ フォローアップシステムを作る

職場の安全衛生活動は職場の人たちが自ら積極的に安全衛生活動に参加できる貴重な機会である。しかしその活動を職場の管理者や事業場が十分にフォローしていかなければ，その活動は結局下火になってしまう。したがってこの活動に対しては，周囲が十分なフォローアップをして，その活動の成果を高めることが最も重要である。

フォローアップの原則は職場の安全衛生活動から生じた提案，意見等に対して，できるだけ早い時間で対応を図り，その結果について回答することである。活動に対する素早い対応は職場の安全衛生活動を活きたものにするた

ウ　職場の安全衛生活動の実際

職場あるいは事業場として実践している安全衛生活動にはさまざまなものがあるが，その主なものを紹介する。

① 4S活動

安全衛生管理の基本である職場の4S（整理，整頓，清掃，清潔）の推進を目的とした活動である。4S活動を効果的に推進するためには，次のことに配慮する必要がある。

（ⅰ）経営トップが強い関心を持つ。
（ⅱ）4Sの意義と効果について職場で話し合う。
（ⅲ）職場ごとに4Sの具体的な基準を作る。
（ⅳ）職場の一人ひとりが分担する役割を決める。
（ⅴ）監督者は，基準どおりに4Sが確保されているか，常時確認をする。
（ⅵ）毎日の仕事の中に4S確保の業務が含まれるようにする。

② 安全朝礼

安全朝礼は，ほとんどの事業場で毎朝の作業開始前に行われるもので，その日の作業に関する安全衛生のポイントを事例等交えて指示するなど作業への心構えを作る場にもなる。また，安全朝礼の場は，作業者の服装や健康状態の確認の場としても利用されるが，健康状態，中でも疲労の状況（睡眠状況），飲酒の影響などについて確認することが重要である。そのためには，リーダー，管理監督者はそれらを鋭く観察し，あるいは対話により察知する能力を身につけるよう心がける必要がある。

なお，この朝礼の場で，作業者の短いスピーチなどを行わせているところもあるが，作業者の参加意識を醸成し，形式的な朝礼としないためにも有効な手法である。

③ ツールボックス・ミーティング（TBM：Tool Box Meeting）

朝の作業に取りかかる前や午後の作業開始前に安全衛生の打ち合わせのために職場で開くミーティングのことをいい，職場の小単位の組織（グループ）が短時間で仕事の範囲，段取り，各人ごとの作業の安全衛生のポイントなどを打ち合わせる。ミーティング時には，次のことに配慮する必要がある。

（ⅰ）その日の作業内容，手順を確認し，作業に関するヒヤリハット経験，

考えられる危険などについて話し合う。
(ⅱ) その際に危険予知などを取り入れる。
(ⅲ) 監督者(リーダー)は,全員が発言するようにリードし,それぞれが考えていることを把握する。
(ⅳ) 話し合いの結果をまとめ,全員の行動目標を決める。発言内容で行動目標に入らなかったもので重要なものはリーダーがメモしておく。

④ ヒヤリハット活動

　職場のヒヤリハット体験は,安全衛生の先取りのための貴重な情報源であるが,一般にヒヤリハット体験は隠されがちでなかなか提出されずに活かされない状況にある。ヒヤリハット体験に関する情報は,次のようなステップで職場改善などに有効に活用することが望まれる。

　第1段階　ヒヤリハット情報の把握(できるだけ多くの情報を収集する)
　第2段階　問題点の分析(集まった情報について多角的に分析する)
　第3段階　対策の方針の決定(諸対策の見直しを行い,改善あるいは新しい対策を定める)
　第4段階　実施計画の樹立(決定した対策の実施の手順などを定める)
　第5段階　計画の実施(対策を実施する)
　第6段階　実施結果の確認と評価(対策が計画どおりに行われたか否かを確認し,また,対策が適切であったか否かを評価する)

　このようなステップを踏むことは,ヒヤリハットをその職場の問題として処理するだけではなく,事業場の安全衛生の制度として定着させ,また,報告することが不名誉なことではないと説得する意味においても重要なことである。

　また,ヒヤリハットとして報告された事例については,社内報,イントラネットなどを通じて他の職場,同一企業の他の工場などにも貴重な情報として提供するシステムを作り上げることが望まれる。

参　考　資　料

参考資料１　労働者の危険又は健康障害を防止するための措置（概要）

参考資料２　危険性又は有害性等の調査等に関する指針

参考資料３　化学物質等による危険性又は有害性等の調査等に関する指針

参考資料４　機械の包括的な安全基準に関する指針（概要）

参考資料５　元方事業者が実施すべき事項（概要）

参考資料６　派遣元・派遣先における労働安全衛生法の適用

参考資料７　労働安全衛生マネジメントシステムに関する指針

参考資料

参考資料1　労働者の危険又は健康障害を防止するための措置（概要）

労働安全衛生法	関係政省令	備考
第20条　次の危険を防止するための必要な措置を講じる。 1　機械，器具その他の設備（以下，機械等という。）による危険 2　爆発性の物，発火性の物，引火性の物等による危険 3　電気，熱その他のエネルギーによる危険	安衛則 第2編　安全基準 第1章　機械による危険の防止 第1章の2　荷役運搬機械等 第4章　爆発，火災等の防止 第5章　電気による危険の防止 など この他，ボイラー則の中の管理基準や，クレーン則・ゴンドラ則の使用，就業基準	○引火性の物等には，酸化性の物，可燃性のガスまたは粉じん，硫酸その他腐食性液体等が含まれる。 ○その他のエネルギーには，アーク等の光，爆発の際の衝撃波等が含まれる。 （昭和47・9・18基発第602号）
第21条　掘削，採石，荷役，伐木等の業務における作業方法から生じる危険や墜落するおそれのある場所，土砂等が崩壊するおそれのある場所等の危険を防止するために必要な措置を講じなければならない。	安衛則 第2編　安全基準 第7章　荷役作業等における危険の防止 第9章　墜落，飛来崩壊等による危険の防止 第10章　通路，足場等 など	
第22条　次の健康障害を防止するために必要な措置を講じなければならない。 1　原材料，ガス，蒸気，粉じん，酸素欠乏空気，病原体等による健康障害 2　放射線，高温，低温，超音波，騒音，振動，異常気圧等による健康障害 3　計器監視，精密工作等の作業による健康障害 4　排気，排液又は残さい物による健康障害	安衛則 第3編　衛生基準 第1章　有害な作業環境 第1章の2　廃棄物の焼却施設に係る作業 第2章　保護具等 有機溶剤中毒予防規則（以下，「有機則」という。） 鉛中毒予防規則（以下，「鉛則」という。） 特定化学物質障害予防規則（以下，「特化則」という。） 電離放射線障害防止規則（以下，「電離則」という。） 東日本大震災により生じた放射性物質により汚染された土壌等を除染するための業務等に係る電離放射線障害防止規則（以下，「除染電離則」という。） 酸素欠乏症等防止規則（以下，「酸欠則」という。） 粉じん障害防止規則（以下，「粉じん則」という。） 石綿障害予防規則（以下，「石綿則」という。）等に必要な規制がなされている。	○異常気圧等の「等」には，赤外線，紫外線，レーザー光線等の有害光線が含まれる。（昭和47・9・18基発第602号） 有害作業場における機械設備の改善等必要な措置の具体例には，次のようものがある。（昭和48・3・19基発第145号） 1　有害物取扱い作業，高熱，騒音等を伴う作業等は，隔離室を設け，遠隔操作で行うこと。 2　超音波溶着機等には，インターロック，自動しゃ断装置等を設けること。 3　有害な光線，超音波等には，しゃへい板，しゃへい壁を設けること。 4　振動工具等には，防振装置を取付けること。 5　精密工作，測定等の作業には，拡大投影装置等を用いること。

参考資料1　労働者の危険又は健康障害を防止するための措置（概要）

第23条　労働者を就業させる建設物その他の作業場について、通路、床面、階段等の保全並びに換気、採光、照明、保温、防湿、休養、避難及び清潔に必要な措置その他労働者の健康、風紀及び生命の保持のため必要な措置を講じなければならない。	安衛則 第2編　安全基準 第10章　通路、足場等 第3編　衛生基準 第3章　気積及び換気 第4章　採光及び照明 第5章　温度及び湿度 第6章　休養 第7章　清潔 第8章　食堂及び炊事場 第9章　救急用具 事務所の衛生基準については、事務所衛生基準規則で同様の規制がなされている。	
第24条　労働者の作業行動から生ずる労働災害を防止するため必要な措置を講じなければならない。		安衛法第24条の規定は、例えば、重量物運搬の際に発生する腰痛症のように労働者の作業行動による災害を防止するため、必要な措置を義務づけたものである。
第25条　労働災害発生の急迫した危険があるときは、直ちに作業を中止し、労働者を作業場から退避させる等必要な措置を講じなければならない。	安衛則第274条の2　退避等 有機則第27条　事故の場合の退避等 特化則第23条　退避等 電離則第42条　退避 酸欠則第14条　退避	
第28条の2　厚生労働省令で定めるところにより、建設物、設備、原材料、ガス、蒸気、粉じん等による、又は作業行動その他業務に起因する危険性又は有害性等（第57条第1項の政令で定める物及び第57条の2第1項に規定する通知対象物による危険性又は有害性等を除く。）を調査し、その結果に基づいて、この法令の規定による措置を講ずるほか、労働者の危険又は健康障害を防止するため必要な措置を講ずるよう努めなければならない。（以下略）	安衛則第24条の11，安衛法第28条の2第1項の危険性又は有害性等の調査は、次に掲げる時期に行うものとする。 ①建設物を設置し、移転し、変更し、又は解体するとき。 ②設備、原材料等を新規に採用し、又は変更するとき。 ③作業方法又は作業手順を新規に採用し、又は変更するとき。 ④前三号に掲げるもののほか、建設物、設備、原材料、ガス、蒸気、粉じん等による、又は作業行動その他業務に起因する危険性又は有害性等について変化が生じ、又は生ずるおそれがあるとき。	安衛法第28条の2第1項ただし書きの厚生労働省令で定める業種は、総括安全衛生管理者の選任に係る業種のうち、その他の業種を除く業種である。（施行令第2条関係） 厚生労働大臣の定める指針 ○危険性又は有害性等の調査等に関する指針（平成18・3・10指針公示第1号） この指針に基づく詳細な指針として、次の指針が公表されている。 ○化学物質等による危険性又は有害性等の調査等に関する指針（平成27・9・18指針公示第3号） ○機械の包括的な安全基準に関する指針（平成19・7・31基発第0731001号）
第29条　元方事業者は、関係請負人及び関係請負人の労働者が、当該仕事に関し、この法令に基づく規定に違反しないよう必要な指導を行わなければならない。 2　元方事業者は、関係請負人又は関係請負人の労働者		元方事業場とは、一の場所において行う仕事の一部を関係請負人に請け負わせて、仕事の一部は自ら行う事業者のうち最先次のものをいう。 ○製造業における元方事業者による総合的な安全衛生管理のための指針について

が，当該仕事に関し，この法令に基づく規定に違反していると認めるときは，是正のため必要な指示を行なわなければならない。 3　前項の指示を受けた関係請負人又はその労働者は，当該指示に従わなければならない。		（平成18・8・1基発第0801010号）
第30条　建設業及び造船業の元方事業者は，その労働者及び関係請負人の労働者の作業が同一の場所において行われることによつて生ずる労働災害を防止するため，一定の事項に関する必要な措置を講じなければならない。	安衛則第635条　協議組織の設置及び運営 安衛則第636条　作業間の連絡及び調整 安衛則第637条　作業場所の巡視 安衛則第638条　教育に対する指導及び援助 安衛則第639条　クレーン等の運転についての合図の統一 安衛則第640条　事故現場等の標識の統一等 安衛則第641条　有機溶剤等の容器の集積箇所の統一 安衛則第642条　警報の統一等 石綿則第7条第2項　石綿等が使用されている保温材，耐火被覆材等の除去等に係る措置	
第30条の2　製造業その他政令で定める業種に属する事業（建設業及び造船業を除く。）の元方事業者は，その労働者及び関係請負人の労働者の作業が同一の場所において行われることによつて生ずる労働災害を防止するため，作業間の連絡及び調整を行うことに関する措置その他必要な措置を講じなければならない。	安衛則第643条の2　作業間の連絡及び調整 安衛則第643条の3　クレーン等の運転についての合図の統一 安衛則第643条の4　事故現場の標識の統一等 安衛則第643条の5　有機溶剤等の容器の集積箇所の統一 安衛則第643条の6　警報の統一等	
第31条　建設業及び造船業の仕事を自ら行う注文者は，建設物，設備又は原材料を，当該仕事を行う場所においてその請負人の労働者に使用させるときは，当該建設物等について，当該労働者の労働災害を防止するため必要な措置を講じなければならない。	安衛則第644条から第662条（交流アーク溶接機についての措置，電動機械器具についての措置，物品揚卸口等についての措置，クレーン等についての措置，局所排気装置についての措置，エックス線装置についての措置など）	
第31条の2　化学物質，化学物質を含有する製剤その他の物を製造し，又は取り扱	施行令第9条の3　安衛法第31条の2の政令で定める設備は，次のとおりとする。	

参考資料1　労働者の危険又は健康障害を防止するための措置（概要）

う設備で政令で定めるものの改造その他の厚生労働省令で定める作業に係る仕事の注文者は，当該物について，当該仕事に係る請負人の労働者の労働災害を防止するため必要な措置を講じなければならない。	①　化学設備及びその付属設備 ②　特定化学設備及びその附属設備 安衛則第662条の3　安衛法第31条の2の厚生労働省令で定める作業は，同条に規定する設備の改造，修理，清掃等で，当該設備を分解する作業又は当該設備の内部に立ち入る作業とする。 安衛則第662条の4　安衛法第31条の2の注文者（その仕事を他の者から請け負わないで注文している者に限る。）は，次の事項を記載した文書（その作成に代えて電磁的記録が作成されている場合を含む。次項において同じ。）を作成し，これをその請負人に交付しなければならない。 ①　安衛法第31条の2に規定する物の危険性及び有害性 ②　当該仕事の作業において注意すべき安全又は衛生に関する事項 ③　当該仕事の作業について講じた安全又は衛生を確保するための措置 ④　当該物の流出その他の事故が発生した場合において講ずべき応急の措置 2　注文者（その仕事を他の者から請け負わないで注文している者を除く。）は，同項又はこの項の規定により交付を受けた文書の写しをその請負人に交付しなければならない。 3　前二項の規定による交付は，請負人が前条の作業を開始する時までに行わなければならない。	
第31条の4　注文者は，その請負人に対し，当該仕事に関し，その指示に従って当該請負人の労働者を労働させたならば，この法令の規定に違反することとなる指示をしてはならない。		
第42条　特定機械等以外の機械等で，別表第2に掲げるものその他危険若しくは有害な作業を必要とするもの，危険な場所において使用するもの又は危険若しくは健康障害を防止するため使用するもののうち，政令で定めるものは，厚生労働	施行令第13条　厚生労働大臣が定める規格又は安全装置を具備すべき機械等 安衛則第26条　規格を具備すべき防毒マスク 安衛則第27条　規格に適合した機械等の使用	それぞれの規格又は安全装置は告示により定められている。

大臣が定める規格又は安全装置を具備しなければ，譲渡し，貸与し，又は設置してはならない。		
第45条　ボイラーその他の機械等で，政令で定めるものについて，厚生労働省令で定めるところにより，定期に自主検査を行ない，及びその結果を記録しておかなければならない。 第2項以下略	施行令第15条　定期に自主検査を行うべき機械等 動力プレス，動力遠心機械，フォークリフト，化学設備，乾燥設備，ガス集合溶接装置，絶縁用保護具，ボイラー・圧力容器，クレーン，局所排気装置，特定化学設備などが対象となっている。	
第57条の3　事業者は，厚生労働省令で定めるところにより，第57条第1項の政令で定める物及び通知対象物による危険性又は有害性等を調査しなければならない。 2　事業者は，前項の調査の結果に基づいて，この法律又はこれに基づく命令の規定による措置を講ずるほか，労働者の危険又は健康障害を防止するため必要な措置を講ずるように努めなければならない。 第3項以下略	第34条の2の7　法第57条の3第1項の危険性又は有害性等の調査（主として一般消費者の生活の用に供される製品に係るものを除く。次項及び次条第1項において「調査」という。）は，次に掲げる時期に行うものとする。 ①　令第18条各号に掲げる物及び法第57条の2第1項に規定する通知対象物（以下この条及び次条において「調査対象物」という。）を原材料等として新規に採用し，又は変更するとき。 ②　調査対象物を製造し，又は取り扱う業務に係る作業の方法又は手順を新規に採用し，又は変更するとき。 ③　前二号に掲げるもののほか，調査対象物による危険又は有害性等について変化が生じ，又は生ずるおそれがあるとき。 第2項略 　第34条の2の8　事業者は，調査を行つたときは，次に掲げる事項を，前条第2項の調査対象物を製造し，又は取り扱う業務に従事する労働者に周知させなければならない。 ①　当該調査対象物の名称 ②　当該業務の内容 ③　当該調査の結果 ④　当該調査の結果に基づき事業者が講ずる労働者の危険又は健康障害を防止するため必要な措置の内容 第2項略	○化学物質等による危険性又は有害性等の調査等に関する指針（平成27・9・18指針公示第3号）

参考資料２　危険性又は有害性等の調査等に関する指針

平成18年３月10日　指針公示第１号

1　趣旨等

　生産工程の多様化・複雑化が進展するとともに，新たな機械設備・化学物質が導入されていること等により，労働災害の原因が多様化し，その把握が困難になっている。

　このような現状において，事業場の安全衛生水準の向上を図っていくため，労働安全衛生法（昭和47年法律第57号。以下「法」という。）第28条の２第１項において，労働安全衛生関係法令に規定される最低基準としての危害防止基準を遵守するだけでなく，事業者が自主的に個々の事業場の建設物，設備，原材料，ガス，蒸気，粉じん等による，又は作業行動その他業務に起因する危険性又は有害性等の調査（以下単に「調査」という。）を実施し，その結果に基づいて労働者の危険又は健康障害を防止するため必要な措置を講ずることが事業者の努力義務として規定されたところである。

　本指針は，法第28条の２第２項の規定に基づき，当該措置が各事業場において適切かつ有効に実施されるよう，その基本的な考え方及び実施事項について定め，事業者による自主的な安全衛生活動への取組を促進することを目的とするものである。

　また，本指針を踏まえ，特定の危険性又は有害性の種類等に関する詳細な指針が別途策定されるものとする。詳細な指針には，「化学物質等による労働者の危険又は健康障害を防止するため必要な措置に関する指針」，機械安全に関して厚生労働省労働基準局長の定めるものが含まれる。

　なお，本指針は，「労働安全衛生マネジメントシステムに関する指針」（平成11年労働省告示第53号）に定める危険性又は有害性等の調査及び実施事項の特定の具体的実施事項としても位置付けられるものである。

2　適用

　本指針は，建設物，設備，原材料，ガス，蒸気，粉じん等による，又は作業行動その他業務に起因する危険性又は有害性（以下単に「危険性又は有害性」という。）であって，労働者の就業に係る全てのものを対象とする。

3 実施内容

事業者は，調査及びその結果に基づく措置（以下「調査等」という。）として，次に掲げる事項を実施するものとする。

(1) 労働者の就業に係る危険性又は有害性の特定
(2) (1)により特定された危険性又は有害性によって生ずるおそれのある負傷又は疾病の重篤度及び発生する可能性の度合（以下「リスク」という。）の見積り
(3) (2)の見積りに基づくリスクを低減するための優先度の設定及びリスクを低減するための措置（以下「リスク低減措置」という。）内容の検討
(4) (3)の優先度に対応したリスク低減措置の実施

4 実施体制等

(1) 事業者は，次に掲げる体制で調査等を実施するものとする。
  ア 総括安全衛生管理者等，事業の実施を統括管理する者（事業場トップ）に調査等の実施を統括管理させること。
  イ 事業場の安全管理者，衛生管理者等に調査等の実施を管理させること。
  ウ 安全衛生委員会等（安全衛生委員会，安全委員会又は衛生委員会をいう。）の活用等を通じ，労働者を参画させること。
  エ 調査等の実施に当たっては，作業内容を詳しく把握している職長等に危険性又は有害性の特定，リスクの見積り，リスク低減措置の検討を行わせるように努めること。
  オ 機械設備等に係る調査等の実施に当たっては，当該機械設備等に専門的な知識を有する者を参画させるように努めること。
(2) 事業者は，(1)で定める者に対し，調査等を実施するために必要な教育を実施するものとする。

5 実施時期

(1) 事業者は，次のアからオまでに掲げる作業等の時期に調査等を行うものとする。
  ア 建設物を設置し，移転し，変更し，又は解体するとき。
  イ 設備を新規に採用し，又は変更するとき。
  ウ 原材料を新規に採用し，又は変更するとき。
  エ 作業方法又は作業手順を新規に採用し，又は変更するとき。
  オ その他，次に掲げる場合等，事業場におけるリスクに変化が生じ，又は生ず

るおそれのあるとき。
- (ア) 労働災害が発生した場合であって，過去の調査等の内容に問題がある場合
- (イ) 前回の調査等から一定の期間が経過し，機械設備等の経年による劣化，労働者の入れ替わり等に伴う労働者の安全衛生に係る知識経験の変化，新たな安全衛生に係る知見の集積等があった場合

(2) 事業者は，(1)のアからエまでに掲げる作業を開始する前に，リスク低減措置を実施することが必要であることに留意するものとする。

(3) 事業者は，(1)のアからエまでに係る計画を策定するときは，その計画を策定するときにおいても調査等を実施することが望ましい。

6 対象の選定

事業者は，次により調査等の実施対象を選定するものとする。

(1) 過去に労働災害が発生した作業，危険な事象が発生した作業等，労働者の就業に係る危険性又は有害性による負傷又は疾病の発生が合理的に予見可能であるものは，調査等の対象とすること。

(2) (1)のうち，平坦な通路における歩行等，明らかに軽微な負傷又は疾病しかもたらさないと予想されるものについては，調査等の対象から除外して差し支えないこと。

7 情報の入手

(1) 事業者は，調査等の実施に当たり，次に掲げる資料等を入手し，その情報を活用するものとする。入手に当たっては，現場の実態を踏まえ，定常的な作業に係る資料等のみならず，非定常作業に係る資料等も含めるものとする。
- ア 作業標準，作業手順書等
- イ 仕様書，化学物質等安全データシート（MSDS）等，使用する機械設備，材料等に係る危険性又は有害性に関する情報
- ウ 機械設備等のレイアウト等，作業の周辺の環境に関する情報
- エ 作業環境測定結果等
- オ 混在作業による危険性等，複数の事業者が同一の場所で作業を実施する状況に関する情報
- カ 災害事例，災害統計等
- キ その他，調査等の実施に当たり参考となる資料等

(2) 事業者は、情報の入手に当たり、次に掲げる事項に留意するものとする。
　ア　新たな機械設備等を外部から導入しようとする場合には、当該機械設備等のメーカーに対し、当該設備等の設計・製造段階において調査等を実施することを求め、その結果を入手すること。
　イ　機械設備等の使用又は改造等を行おうとする場合に、自らが当該機械設備等の管理権原を有しないときは、管理権原を有する者等が実施した当該機械設備等に対する調査等の結果を入手すること。
　ウ　複数の事業者が同一の場所で作業する場合には、混在作業による労働災害を防止するために元方事業者が実施した調査等の結果を入手すること。
　エ　機械設備等が転倒するおそれがある場所等、危険な場所において、複数の事業者が作業を行う場合には、元方事業者が実施した当該危険な場所に関する調査等の結果を入手すること。

8　危険性又は有害性の特定

(1) 事業者は、作業標準等に基づき、労働者の就業に係る危険性又は有害性を特定するために必要な単位で作業を洗い出した上で、各事業場における機械設備、作業等に応じてあらかじめ定めた危険性又は有害性の分類に則して、各作業における危険性又は有害性を特定するものとする。

(2) 事業者は、(1)の危険性又は有害性の特定に当たり、労働者の疲労等の危険性又は有害性への付加的影響を考慮するものとする。

9　リスクの見積り

(1) 事業者は、リスク低減の優先度を決定するため、次に掲げる方法等により、危険性又は有害性により発生するおそれのある負傷又は疾病の重篤度及びそれらの発生の可能性の度合をそれぞれ考慮して、リスクを見積もるものとする。ただし、化学物質等による疾病については、化学物質等の有害性の度合及びばく露の量をそれぞれ考慮して見積もることができる。
　ア　負傷又は疾病の重篤度とそれらが発生する可能性の度合を相対的に尺度化し、それらを縦軸と横軸とし、あらかじめ重篤度及び可能性の度合に応じてリスクが割り付けられた表を使用してリスクを見積もる方法
　イ　負傷又は疾病の発生する可能性とその重篤度を一定の尺度によりそれぞれ数値化し、それらを加算又は乗算等してリスクを見積もる方法

ウ　負傷又は疾病の重篤度及びそれらが発生する可能性等を段階的に分岐していくことによりリスクを見積もる方法
(2)　事業者は，(1)の見積りに当たり，次に掲げる事項に留意するものとする。
　　ア　予想される負傷又は疾病の対象者及び内容を明確に予測すること。
　　イ　過去に実際に発生した負傷又は疾病の重篤度ではなく，最悪の状況を想定した最も重篤な負傷又は疾病の重篤度を見積もること。
　　ウ　負傷又は疾病の重篤度は，負傷や疾病等の種類にかかわらず，共通の尺度を使うことが望ましいことから，基本的に，負傷又は疾病による休業日数等を尺度として使用すること。
　　エ　有害性が立証されていない場合でも，一定の根拠がある場合は，その根拠に基づき，有害性が存在すると仮定して見積もるよう努めること。
(3)　事業者は，(1)の見積りを，事業場の機械設備，作業等の特性に応じ，次に掲げる負傷又は疾病の類型ごとに行うものとする。
　　ア　はさまれ，墜落等の物理的な作用によるもの
　　イ　爆発，火災等の化学物質の物理的効果によるもの
　　ウ　中毒等の化学物質等の有害性によるもの
　　エ　振動障害等の物理因子の有害性によるもの
　　　　また，その際，次に掲げる事項を考慮すること。
　　ア　安全装置の設置，立入禁止措置その他の労働災害防止のための機能又は方策（以下「安全機能等」という。）の信頼性及び維持能力
　　イ　安全機能等を無効化する又は無視する可能性
　　ウ　作業手順の逸脱，操作ミスその他の予見可能な意図的・非意図的な誤使用又は危険行動の可能性

10　リスク低減措置の検討及び実施

(1)　事業者は，法令に定められた事項がある場合にはそれを必ず実施するとともに，次に掲げる優先順位でリスク低減措置内容を検討の上，実施するものとする。
　　ア　危険な作業の廃止・変更等，設計や計画の段階から労働者の就業に係る危険性又は有害性を除去又は低減する措置
　　イ　インターロック，局所排気装置等の設置等の工学的対策
　　ウ　マニュアルの整備等の管理的対策
　　エ　個人用保護具の使用

(2) (1)の検討に当たっては，リスク低減に要する負担がリスク低減による労働災害防止効果と比較して大幅に大きく，両者に著しい不均衡が発生する場合であって，措置を講ずることを求めることが著しく合理性を欠くと考えられるときを除き，可能な限り高い優先順位のリスク低減措置を実施する必要があるものとする。

(3) なお，死亡，後遺障害又は重篤な疾病をもたらすおそれのあるリスクに対して，適切なリスク低減措置の実施に時間を要する場合は，暫定的な措置を直ちに講ずるものとする。

11 記録

事業者は，次に掲げる事項を記録するものとする。

(1) 洗い出した作業
(2) 特定した危険性又は有害性
(3) 見積もったリスク
(4) 設定したリスク低減措置の優先度
(5) 実施したリスク低減措置の内容

参考資料2　危険性又は有害性等の調査等に関する指針

参考　リスク見積りの例

マトリクスを用いた方法

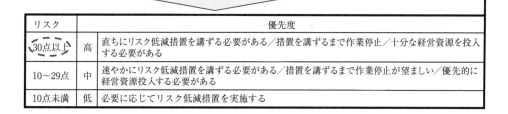

数値化による方法

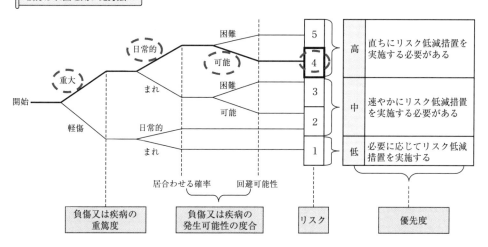

枝分かれ図を用いた方法

参考資料3　化学物質等による危険性又は有害性等の調査等に関する指針

平成27年9月18日　指針公示第3号

1　趣旨等

本指針は，労働安全衛生法（昭和47年法律第57号。以下「法」という。）第57条の3第3項の規定に基づき，事業者が，化学物質，化学物質を含有する製剤その他の物で労働者の危険又は健康障害を生ずるおそれのあるものによる危険性又は有害性等の調査（以下「リスクアセスメント」という。）を実施し，その結果に基づいて労働者の危険又は健康障害を防止するため必要な措置（以下「リスク低減措置」という。）が各事業場において適切かつ有効に実施されるよう，リスクアセスメントからリスク低減措置の実施までの一連の措置の基本的な考え方及び具体的な手順の例を示すとともに，これらの措置の実施上の留意事項を定めたものである。

また，本指針は，「労働安全衛生マネジメントシステムに関する指針」（平成11年労働省告示第53号）に定める危険性又は有害性等の調査及び実施事項の特定の具体的実施事項としても位置付けられるものである。

2　適用

本指針は，法第57条の3第1項の規定に基づき行う「第57条第1項の政令で定める物及び通知対象物」（以下「化学物質等」という。）に係るリスクアセスメントについて適用し，労働者の就業に係る全てのものを対象とする。

3　実施内容

事業者は，法第57条の3第1項に基づくリスクアセスメントとして，(1)から(3)までに掲げる事項を，労働安全衛生規則（昭和47年労働省令第32号。以下「安衛則」という。）第34条の2の8に基づき(5)に掲げる事項を実施しなければならない。また，法第57条の3第2項に基づき，法令の規定による措置を講ずるほか(4)に掲げる事項を実施するよう努めなければならない。

(1)　化学物質等による危険性又は有害性の特定

(2)　(1)により特定された化学物質等による危険性又は有害性並びに当該化学物質等を取り扱う作業方法，設備等により業務に従事する労働者に危険を及ぼし，又は当該労働者の健康障害を生ずるおそれの程度及び当該危険又は健康障害の程度（以下「リスク」という。）の見積り

(3) (2)の見積りに基づくリスク低減措置の内容の検討
(4) (3)のリスク低減措置の実施
(5) リスクアセスメント結果の労働者への周知

4 実施体制等
(1) 事業者は，次に掲げる体制でリスクアセスメント及びリスク低減措置（以下「リスクアセスメント等」という。）を実施するものとする。
  ア 総括安全衛生管理者が選任されている場合には，当該者にリスクアセスメント等の実施を統括管理させること。総括安全衛生管理者が選任されていない場合には，事業の実施を統括管理する者に統括管理させること。
  イ 安全管理者又は衛生管理者が選任されている場合には，当該者にリスクアセスメント等の実施を管理させること。安全管理者又は衛生管理者が選任されていない場合には，職長その他の当該作業に従事する労働者を直接指導し，又は監督する者としての地位にあるものにリスクアセスメント等の実施を管理させること。
  ウ 化学物質等の適切な管理について必要な能力を有する者のうちから化学物質等の管理を担当する者（以下「化学物質管理者」という。）を指名し，この者に，上記イに掲げる者の下でリスクアセスメント等に関する技術的業務を行わせることが望ましいこと。
  エ 安全衛生委員会，安全委員会又は衛生委員会が設置されている場合には，これらの委員会においてリスクアセスメント等に関することを調査審議させ，また，当該委員会が設置されていない場合には，リスクアセスメント等の対象業務に従事する労働者の意見を聴取する場を設けるなど，リスクアセスメント等の実施を決定する段階において労働者を参画させること。
  オ リスクアセスメント等の実施に当たっては，化学物質管理者のほか，必要に応じ，化学物質等に係る危険性及び有害性や，化学物質等に係る機械設備，化学設備，生産技術等についての専門的知識を有する者を参画させること。
  カ 上記のほか，より詳細なリスクアセスメント手法の導入又はリスク低減措置の実施に当たっての，技術的な助言を得るため，労働衛生コンサルタント等の外部の専門家の活用を図ることが望ましいこと。
(2) 事業者は，(1)のリスクアセスメントの実施を管理する者，技術的業務を行う者等（カの外部の専門家を除く。）に対し，リスクアセスメント等を実施するために

必要な教育を実施するものとする。

5 実施時期

(1) 事業者は，安衛則第34条の2の7第1項に基づき，次のアからウまでに掲げる時期にリスクアセスメントを行うものとする。

　ア　化学物質等を原材料等として新規に採用し，又は変更するとき。

　イ　化学物質等を製造し，又は取り扱う業務に係る作業の方法又は手順を新規に採用し，又は変更するとき。

　ウ　化学物質等による危険性又は有害性等について変化が生じ，又は生ずるおそれがあるとき。具体的には，化学物質等の譲渡又は提供を受けた後に，当該化学物質等を譲渡し，又は提供した者が当該化学物質等に係る安全データシート（以下「SDS」という。）の危険性又は有害性に係る情報を変更し，その内容が事業者に提供された場合等が含まれること。

(2) 事業者は，(1)のほか，次のアからウまでに掲げる場合にもリスクアセスメントを行うよう努めること。

　ア　化学物質等に係る労働災害が発生した場合であって，過去のリスクアセスメント等の内容に問題がある場合

　イ　前回のリスクアセスメント等から一定の期間が経過し，化学物質等に係る機械設備等の経年による劣化，労働者の入れ替わり等に伴う労働者の安全衛生に係る知識経験の変化，新たな安全衛生に係る知見の集積等があった場合

　ウ　既に製造し，又は取り扱っていた物質がリスクアセスメントの対象物質として新たに追加された場合など，当該化学物質等を製造し，又は取り扱う業務について過去にリスクアセスメント等を実施したことがない場合

(3) 事業者は，(1)のア又はイに掲げる作業を開始する前に，リスク低減措置を実施することが必要であることに留意するものとする。

(4) 事業者は，(1)のア又はイに係る設備改修等の計画を策定するときは，その計画策定段階においてもリスクアセスメント等を実施することが望ましいこと。

6 リスクアセスメント等の対象の選定

事業者は，次に定めるところにより，リスクアセスメント等の実施対象を選定するものとする。

(1) 事業場における化学物質等による危険性又は有害性等をリスクアセスメント等

の対象とすること。
(2) リスクアセスメント等は，対象の化学物質等を製造し，又は取り扱う業務ごとに行うこと。ただし，例えば，当該業務に複数の作業工程がある場合に，当該工程を1つの単位とする，当該業務のうち同一場所において行われる複数の作業を1つの単位とするなど，事業場の実情に応じ適切な単位で行うことも可能であること。
(3) 元方事業者にあっては，その労働者及び関係請負人の労働者が同一の場所で作業を行うこと（以下「混在作業」という。）によって生ずる労働災害を防止するため，当該混在作業についても，リスクアセスメント等の対象とすること。

7 情報の入手等

(1) 事業者は，リスクアセスメント等の実施に当たり，次に掲げる情報に関する資料等を入手するものとする。

　入手に当たっては，リスクアセスメント等の対象には，定常的な作業のみならず，非定常作業も含まれることに留意すること。

　また，混在作業等複数の事業者が同一の場所で作業を行う場合にあっては，当該複数の事業者が同一の場所で作業を行う状況に関する資料等も含めるものとすること。

　ア　リスクアセスメント等の対象となる化学物質等に係る危険性又は有害性に関する情報（SDS等）
　イ　リスクアセスメント等の対象となる作業を実施する状況に関する情報（作業標準，作業手順書等，機械設備等に関する情報を含む。）

(2) 事業者は，(1)のほか，次に掲げる情報に関する資料等を，必要に応じ入手するものとすること。

　ア　化学物質等に係る機械設備等のレイアウト等，作業の周辺の環境に関する情報
　イ　作業環境測定結果等
　ウ　災害事例，災害統計等
　エ　その他，リスクアセスメント等の実施に当たり参考となる資料等

(3) 事業者は，情報の入手に当たり，次に掲げる事項に留意するものとする。

　ア　新たに化学物質等を外部から取得等しようとする場合には，当該化学物質等を譲渡し，又は提供する者から，当該化学物質等に係るSDSを確実に入手する

こと。
 イ 化学物質等に係る新たな機械設備等を外部から導入しようとする場合には，当該機械設備等の製造者に対し，当該設備等の設計・製造段階においてリスクアセスメントを実施することを求め，その結果を入手すること。
 ウ 化学物質等に係る機械設備等の使用又は改造等を行おうとする場合に，自らが当該機械設備等の管理権原を有しないときは，管理権原を有する者等が実施した当該機械設備等に対するリスクアセスメントの結果を入手すること。
(4) 元方事業者は，次に掲げる場合には，関係請負人におけるリスクアセスメントの円滑な実施に資するよう，自ら実施したリスクアセスメント等の結果を当該業務に係る関係請負人に提供すること。
 ア 複数の事業者が同一の場所で作業する場合であって，混在作業における化学物質等による労働災害を防止するために元方事業者がリスクアセスメント等を実施したとき。
 イ 化学物質等にばく露するおそれがある場所等，化学物質等による危険性又は有害性がある場所において，複数の事業者が作業を行う場合であって，元方事業者が当該場所に関するリスクアセスメント等を実施したとき。

8 危険性又は有害性の特定

事業者は，化学物質等について，リスクアセスメント等の対象となる業務を洗い出した上で，原則としてア及びイに即して危険性又は有害性を特定すること。また，必要に応じ，ウに掲げるものについても特定することが望ましいこと。
 ア 国際連合から勧告として公表された「化学品の分類及び表示に関する世界調和システム（GHS）」（以下「GHS」という。）又は日本工業規格Z7252に基づき分類された化学物質等の危険性又は有害性（SDSを入手した場合には，当該SDSに記載されているGHS分類結果）
 イ 日本産業衛生学会の許容濃度又は米国産業衛生専門家会議（ACGIH）のTLV-TWA等の化学物質等のばく露限界（以下「ばく露限界」という。）が設定されている場合にはその値（SDSを入手した場合には，当該SDSに記載されているばく露限界）
 ウ ア又はイによって特定される危険性又は有害性以外の，負傷又は疾病の原因となるおそれのある危険性又は有害性。この場合，過去に化学物質等による労働災害が発生した作業，化学物質等による危険又は健康障害のおそれがある事

象が発生した作業等により事業者が把握している情報があるときには，当該情報に基づく危険性又は有害性が必ず含まれるよう留意すること。

9 リスクの見積り

(1) 事業者は，リスク低減措置の内容を検討するため，安衛則第34条の2の7第2項に基づき，次に掲げるいずれかの方法（危険性に係るものにあっては，ア又はウに掲げる方法に限る。）により，又はこれらの方法の併用により化学物質等によるリスクを見積もるものとする。

ア 化学物質等が当該業務に従事する労働者に危険を及ぼし，又は化学物質等により当該労働者の健康障害を生ずるおそれの程度（発生可能性）及び当該危険又は健康障害の程度（重篤度）を考慮する方法。具体的には，次に掲げる方法があること。

(ア) 発生可能性及び重篤度を相対的に尺度化し，それらを縦軸と横軸とし，あらかじめ発生可能性及び重篤度に応じてリスクが割り付けられた表を使用してリスクを見積もる方法

(イ) 発生可能性及び重篤度を一定の尺度によりそれぞれ数値化し，それらを加算又は乗算等してリスクを見積もる方法

(ウ) 発生可能性及び重篤度を段階的に分岐していくことによりリスクを見積もる方法

(エ) ILOの化学物質リスク簡易評価法（コントロール・バンディング）等を用いてリスクを見積もる方法

(オ) 化学プラント等の化学反応のプロセス等による災害のシナリオを仮定して，その事象の発生可能性と重篤度を考慮する方法

イ 当該業務に従事する労働者が化学物質等にさらされる程度（ばく露の程度）及び当該化学物質等の有害性の程度を考慮する方法。具体的には，次に掲げる方法があるが，このうち，(ア)の方法を採ることが望ましいこと。

(ア) 対象の業務について作業環境測定等により測定した作業場所における化学物質等の気中濃度等を，当該化学物質等のばく露限界と比較する方法

(イ) 数理モデルを用いて対象の業務に係る作業を行う労働者の周辺の化学物質等の気中濃度を推定し，当該化学物質のばく露限界と比較する方法

(ウ) 対象の化学物質等への労働者のばく露の程度及び当該化学物質等による有害性を相対的に尺度化し，それらを縦軸と横軸とし，あらかじめばく露の程

度及び有害性の程度に応じてリスクが割り付けられた表を使用してリスクを見積もる方法

ウ　ア又はイに掲げる方法に準ずる方法。具体的には，次に掲げる方法があること。

(ア)　リスクアセスメントの対象の化学物質等に係る危険又は健康障害を防止するための具体的な措置が労働安全衛生法関係法令（主に健康障害の防止を目的とした有機溶剤中毒予防規則（昭和47年労働省令第36号），鉛中毒予防規則（昭和47年労働省令第37号），四アルキル鉛中毒予防規則（昭和47年労働省令第38号）及び特定化学物質障害予防規則（昭和47年労働省令第39号）の規定並びに主に危険の防止を目的とした労働安全衛生法施行令（昭和47年政令第318号）別表第1に掲げる危険物に係る安衛則の規定）の各条項に規定されている場合に，当該規定を確認する方法。

(イ)　リスクアセスメントの対象の化学物質等に係る危険を防止するための具体的な規定が労働安全衛生法関係法令に規定されていない場合において，当該化学物質等のSDSに記載されている危険性の種類（例えば「爆発物」など）を確認し，当該危険性と同種の危険性を有し，かつ，具体的措置が規定されている物に係る当該規定を確認する方法

(2)　事業者は，(1)のア又はイの方法により見積りを行うに際しては，用いるリスクの見積り方法に応じて，7で入手した情報等から次に掲げる事項等必要な情報を使用すること。

　ア　当該化学物質等の性状

　イ　当該化学物質等の製造量又は取扱量

　ウ　当該化学物質等の製造又は取扱い（以下「製造等」という。）に係る作業の内容

　エ　当該化学物質等の製造等に係る作業の条件及び関連設備の状況

　オ　当該化学物質等の製造等に係る作業への人員配置の状況

　カ　作業時間及び作業の頻度

　キ　換気設備の設置状況

　ク　保護具の使用状況

　ケ　当該化学物質等に係る既存の作業環境中の濃度若しくはばく露濃度の測定結果又は生物学的モニタリング結果

(3)　事業者は，(1)のアの方法によるリスクの見積りに当たり，次に掲げる事項等に

留意するものとする。

　ア　過去に実際に発生した負傷又は疾病の重篤度ではなく，最悪の状況を想定した最も重篤な負傷又は疾病の重篤度を見積もること。

　イ　負傷又は疾病の重篤度は，傷害や疾病等の種類にかかわらず，共通の尺度を使うことが望ましいことから，基本的に，負傷又は疾病による休業日数等を尺度として使用すること。

　ウ　リスクアセスメントの対象の業務に従事する労働者の疲労等の危険性又は有害性への付加的影響を考慮することが望ましいこと。

(4)　事業者は，一定の安全衛生対策が講じられた状態でリスクを見積もる場合には，用いるリスクの見積り方法における必要性に応じて，次に掲げる事項等を考慮すること。

　ア　安全装置の設置，立入禁止措置，排気・換気装置の設置その他の労働災害防止のための機能又は方策（以下「安全衛生機能等」という。）の信頼性及び維持能力

　イ　安全衛生機能等を無効化する又は無視する可能性

　ウ　作業手順の逸脱，操作ミスその他の予見可能な意図的・非意図的な誤使用又は危険行動の可能性

　エ　有害性が立証されていないが，一定の根拠がある場合における当該根拠に基づく有害性

10　リスク低減措置の検討及び実施

(1)　事業者は，法令に定められた措置がある場合にはそれを必ず実施するほか，法令に定められた措置がない場合には，次に掲げる優先順位でリスク低減措置の内容を検討するものとする。ただし，法令に定められた措置以外の措置にあっては，9(1)イの方法を用いたリスクの見積り結果として，ばく露濃度等がばく露限界を相当程度下回る場合は，当該リスクは，許容範囲内であり，リスク低減措置を検討する必要がないものとして差し支えないものであること。

　ア　危険性又は有害性のより低い物質への代替，化学反応のプロセス等の運転条件の変更，取り扱う化学物質等の形状の変更等又はこれらの併用によるリスクの低減

　イ　化学物質等に係る機械設備等の防爆構造化，安全装置の二重化等の工学的対策又は化学物質等に係る機械設備等の密閉化，局所排気装置の設置等の衛生工

学的対策

ウ　作業手順の改善，立入禁止等の管理的対策

エ　化学物質等の有害性に応じた有効な保護具の使用

(2) (1)の検討に当たっては，より優先順位の高い措置を実施することにした場合であって，当該措置により十分にリスクが低減される場合には，当該措置よりも優先順位の低い措置の検討まで要するものではないこと。また，リスク低減に要する負担がリスク低減による労働災害防止効果と比較して大幅に大きく，両者に著しい不均衡が発生する場合であって，措置を講ずることを求めることが著しく合理性を欠くと考えられるときを除き，可能な限り高い優先順位のリスク低減措置を実施する必要があるものとする。

(3) 死亡，後遺障害又は重篤な疾病をもたらすおそれのあるリスクに対して，適切なリスク低減措置の実施に時間を要する場合は，暫定的な措置を直ちに講ずるほか，(1)において検討したリスク低減措置の内容を速やかに実施するよう努めるものとする。

(4) リスク低減措置を講じた場合には，当該措置を実施した後に見込まれるリスクを見積もることが望ましいこと。

11　リスクアセスメント結果等の労働者への周知等

(1) 事業者は，安衛則第34条の2の8に基づき次に掲げる事項を化学物質等を製造し，又は取り扱う業務に従事する労働者に周知するものとする。

ア　対象の化学物質等の名称

イ　対象業務の内容

ウ　リスクアセスメントの結果

　(ア)　特定した危険性又は有害性

　(イ)　見積もったリスク

エ　実施するリスク低減措置の内容

(2) (1)の周知は，次に掲げるいずれかの方法によること。

ア　各作業場の見やすい場所に常時掲示し，又は備え付けること

イ　書面を労働者に交付すること

ウ　磁気テープ，磁気ディスクその他これらに準ずる物に記録し，かつ，各作業場に労働者が当該記録の内容を常時確認できる機器を設置すること

(3) 法第59条第1項に基づく雇入れ時教育及び同条第2項に基づく作業変更時教育

においては,安衛則第35条第1項第1号,第2号及び第5号に掲げる事項として,(1)に掲げる事項を含めること。

なお,5の(1)に掲げるリスクアセスメント等の実施時期のうちアからウまでについては,法第59条第2項の「作業内容を変更したとき」に該当するものであること。

(4) リスクアセスメントの対象の業務が継続し(1)の労働者への周知等を行っている間は,事業者は(1)に掲げる事項を記録し,保存しておくことが望ましい。

12 その他

表示対象物又は通知対象物以外のものであって,化学物質,化学物質を含有する製剤その他の物で労働者に危険又は健康障害を生ずるおそれのあるものについては,法第28条の2に基づき,この指針に準じて取り組むよう努めること。

参考資料4　機械の包括的な安全基準に関する指針（概要）

平成19年7月31日　基発第0731001号

（指針原文の「第3　機械を労働者に使用させる事業者の実施事項」において，引用した「危険性又は有害性等の調査等に関する指針」の内容を反映させたもの，また，下線は編者において厚生労働省安全課長名の事務連絡等をもとに解説や安全規格引用等を付加したものである。）

第1　趣旨等

1　趣旨

機械による労働災害の一層の防止を図るには，機械を労働者に使用させる事業者において，その使用させる機械に関して，労働安全衛生法（昭和47年法律第57号。以下「法」という。）第28条の2第1項の規定に基づく危険性又は有害性等の調査（リスクアセスメント／risk assessment）及びその結果に基づく労働者の危険又は健康障害を防止するため必要な措置が適切かつ有効に実施されるようにする必要がある。

また，法第3条第2項において，機械その他の設備を設計し，製造し，若しくは輸入する者は，機械が使用されることによる労働災害の発生の防止に資するよう努めなければならないとされているところであり，機械の設計・製造段階においても危険性又は有害性等の調査及びその結果に基づく措置（以下「調査等」という。）が実施されること並びに機械を使用する段階において調査等を適切に実施するため必要な情報が適切に提供されることが重要である。

このため，機械の設計・製造段階及び使用段階において，機械の安全化を図るため，すべての機械に適用できる包括的な安全確保の方策に関する基準として本指針を定め，機械の製造等を行う者が実施に努めるべき事項を第2に，機械を労働者に使用させる事業者において法第28条の2の調査等が適切かつ有効に実施されるよう，「危険性又は有害性等の調査等に関する指針」（平成18年危険性又は有害性等の調査等に関する指針公示第1号。以下「調査等指針」という。）の1の「機械安全に関して厚生労働省労働基準局長の定める」詳細な指針を第3に示すものである。

2　適用

本指針は，機械による危険性又は有害性（機械の危険源（ハザード／hazard）をいい，以下単に「危険性又は有害性」という。）を対象とし，機械の設計，製造，改

造等又は輸入(以下「製造等」という。)を行う者及び機械を労働者に使用させる事業者の実施事項を示す。(機械の仕様の変更や複数の機械の組み合わせを行う使用者は,製造等を行う者に含まれる。)

3 用語の定義

(国際規格が制定されたことを踏まえて改正されており,ISO12100／JIS B 9700に整合)

本指針において,次の各号に掲げる用語の意義は,それぞれ当該各号に定めるところによる。(以下略)

第2 機械の製造等を行う者の実施事項

1 製造等を行う機械の調査等の実施

機械の製造等を行う者は,製造等を行う機械に係る危険性又は有害性等の調査(以下単に「調査」(リスクアセスメント)という。)及びその結果に基づく措置として,次に掲げる事項を実施するものとする。

(1) 機械の制限(使用上,空間上及び時間上の限度・範囲をいう。)に関する仕様の指定
(2) 機械に労働者が関わる作業等における危険性又は有害性(危険源)の同定(機械による危険性又は有害性として例示されている事項の中から同じものを見い出して定めることをいう。)
(3) (2)により同定された危険性又は有害性ごとのリスクの見積り及び適切なリスクの低減が達成されているかどうかの検討
(4) 保護方策の検討及び実施によるリスクの低減

(1)から(4)までの実施に当たっては,同定されたすべての危険性又は有害性に対して,別図に示すように反復的に実施するものとする。

2 実施時期

機械の製造等を行う者は,次の時期に調査等を行うものとする。

ア 機械の設計,製造,改造等を行うとき
イ 機械を輸入し譲渡又は貸与を行うとき
ウ 製造等を行った機械による労働災害が発生したとき
エ 新たな安全衛生に係る知見の集積等があったとき

3　機械の制限に関する仕様の指定

機械の製造等を行う者は，次に掲げる機械の制限に関する仕様の指定を行うものとする。

ア　機械の意図する使用，合理的に予見可能な誤使用，労働者の経験，能力等の使用上の制限

イ　機械の動作，設置，保守点検等に必要とする範囲等の空間上の制限

ウ　機械，その構成品及び部品の寿命等の時間上の制限

4　危険性又は有害性の同定

機械の製造等を行う者は，次に掲げる機械に労働者が関わる作業等における危険性又は有害性（危険源）を，別表第1に例示されている事項を参照する等して同定するものとする。

ア　機械（当該製造等する機械であり，製造等の使用する機械でない）の製造の作業（機械の輸入を行う場合を除く。）

イ　機械の意図する使用が行われる作業

ウ　運搬，設置，試運転等の機械の使用の開始に関する作業

エ　解体，廃棄等の機械の使用の停止に関する作業

オ　機械に故障，異常等（ノズル，ソフトのエラーによる誤動作を含む）が発生している状況における作業

カ　機械の合理的に予見可能な誤使用が行われる作業

キ　機械を使用する労働者以外の者（合理的に予見可能な者に限る。）が機械の危険性又は有害性に接近すること

5　リスクの見積り等

(1)　機械の製造等を行う者は，4で同定されたそれぞれの危険性又は有害性ごとに，発生するおそれのある負傷又は疾病の重篤度及びそれらの発生の可能性の度合いをそれぞれ考慮して，リスクを見積もり，適切なリスクの低減が達成されているかどうか検討するものとする。

(2)　リスクの見積りに当たっては，それぞれの危険性又は有害性により最も発生するおそれのある負傷又は疾病の重篤度によってリスクを見積もるものとするが，発生の可能性が低くても予見される最も重篤な負傷又は疾病も配慮するよう留意すること。

6　保護方策の検討及び実施

(1) 機械の製造等を行う者は，3から5までの結果に基づき，法令に定められた事項がある場合はそれを必ず実施するとともに，適切なリスクの低減が達成されていないと判断した危険性又は有害性（危険源）について，次に掲げる優先順位（3ステップメソッド）により，機械に係る保護方策を検討し実施するものとする。

　ア　別表第2に定める方法その他適切な方法により本質的安全設計方策を行うこと。

　イ　別表第3に定める方法その他適切な方法による安全防護及び別表第4に定める方法その他適切な方法による付加保護方策を行うこと。

　ウ　別表第5に定める方法その他適切な方法により，機械を譲渡又は貸与される者に対し，使用上の情報を提供すること。

(2) (1)の検討に当たっては，本質的安全設計方策，安全防護又は付加保護方策を適切に適用すべきところを使用上の情報で代替してはならないものとする。

　また，保護方策を行うときは，新たな危険性又は有害性の発生及びリスクの増加が生じないよう留意し，保護方策を行った結果これらが生じたときは，当該リスクの低減を行うものとする。

7　記録

機械の製造等を行う者は，実施した機械に係る調査等の結果について次の事項を記録し，保管するものとする。（事業者から，機械に対する保護方策の追加を検討するため，または使用上の情報上の内容が不足しているなどの理由で問い合わせがあった場合に適切な助言が行えること）

仕様や構成品の変更等によって実際の機械の条件又は状況と記録の内容との間に相異が生じた場合は，速やかに記録を更新すること。

　ア　同定した危険性又は有害性（危険源）
　イ　見積もったリスク
　ウ　実施した保護方策及び残留リスク

第3　機械を労働者に使用させる事業者の実施事項

1　実施内容

機械を労働者に使用させる事業者は，調査等（リスクアセスメントおよびその結

果に基づく措置）として，次に掲げる事項を実施するものとする。
(1) 機械に労働者が関わる作業等における危険性又は有害性（危険源）の同定
(2) (1)により同定された危険性又は有害性によって生ずるリスクの見積り
(3) (2)の見積りに基づくリスクを低減するための優先度の設定及び保護方策の検討
(4) (3)の優先度に対応した保護方策の実施

2　実施体制等
(1) 機械を労働者に使用させる事業者は，次に掲げる体制により機械に係る調査等を実施するものとする。
　ア　総括安全衛生管理者等，事業の実施を統括管理する者（事業場トップ）に調査等の実施を統括管理させること。
　イ　事業場の安全管理者，衛生管理者等に調査等の実施を管理させること。
　ウ　安全衛生委員会等（安全衛生委員会，安全委員会又は衛生委員会をいう。）の活用等を通じ，労働者を参画させること。
　エ　調査等の実施に当たっては，作業内容を詳しく把握している職長等に危険性又は有害性の同定，リスクの見積り，リスク低減措置の検討を行わせるように努めること。
　オ　生産・保全部門の技術者，機械の製造等を行う者等機械に係る専門的な知識を有する者を参画させること。
(2) 機械を労働者に使用させる事業者は，(1)で定める者に対し，調査等を実施するために必要な教育を実施するものとする。

3　実施時期
(1) 機械を労働者に使用させる事業者は，次のアからエまでに掲げる作業等の時期に係る調査等を行うものとする。
　ア　設備を新規に採用し，又は変更するとき。
　イ　原材料を新規に採用し，又は変更するとき。
　ウ　作業方法又は作業手順を新規に採用し，又は変更するとき。
　エ　その他，次に掲げる場合等，事業場におけるリスクに変化が生じ，又は生ずるおそれのあるとき。
　　(ア)　労働災害が発生した場合であって，過去の調査等の内容に問題がある場合
　　(イ)　前回の調査等から一定の期間が経過し，機械設備等の経年による劣化，労

働者の入れ替わり等に伴う労働者の安全衛生に係る知識経験の変化，新たな安全衛生に係る知見の集積等があった場合（設置済みで調査等が実施されていない機械は，計画的に調査等を実施することが望ましい）

(2) 機械を労働者に使用させる事業者は，(1)のアからウまでに掲げる作業を開始する前に，保護方策を実施することが必要であることに留意するものとする。

4 対象の選定

機械を労働者に使用させる事業者は，次により機械に係る調査等の実施対象を選定するものとする。

(1) 過去に労働災害が発生した作業，危険な事象が発生した作業等，労働者の就業に係る危険性又は有害性による負傷又は疾病の発生が合理的に予見可能であるものは，調査等の対象とすること。

(2) (1)のうち，明らかに軽微な負傷又は疾病しかもたらさないと予想されるものについては，調査等の対象から除外して差し支えないこと。

5 情報入手

機械を労働者に使用させる事業者は，機械に係る調査等の実施に当たり，次に掲げる資料作業に係る資料等のみならず，非定常作業に係る資料等も含めるものとする。（機械の製造等を行うものにあらかじめ提供することが望ましい）

 ア　作業標準，作業手順書等
 イ　機械の製造等を行う者から提供される意図する使用，残留リスク等別表5の1に掲げる使用上の情報
 ウ　機械設備等のレイアウト等，作業の周辺の環境に関する情報
 エ　作業環境測定結果等
 オ　混在作業による危険性等，複数の事業者が同一の場所で作業を実施する状況に関する情報
 カ　災害事例，災害統計等
 キ　その他，調査等の実施に当たり参考となる資料等

(2) 機械を労働者に使用させる事業者は，機械に係る情報の入手に当たり，次に掲げる事項に留意するものとする。

 ア　新たな機械を外部から導入しようとする場合には，当該機械のメーカーに対し，当該機械の設計・製造段階において調査等を実施することを求め，その結

果を入手すること。
イ 機械の使用又は改造等を行おうとする場合に、自らが当該機械の管理権原を有しないときは、管理権原を有する者等が実施した当該機械に対する調査等の結果を入手すること。
ウ 複数の事業者が同一の場所で作業する場合には、混在作業による労働災害を防止するために元方事業者が実施した調査等の結果を入手すること。
エ 機械が転倒するおそれがある場所等、危険な場所において、複数の事業者が作業を行う場合には、元方事業者が実施した当該危険な場所に関する調査等の結果を入手すること。

6 危険性又は有害性の同定

機械を労働者に使用させる事業者は、使用上の情報を確認し、次に掲げる機械に労働者が関わる作業等における危険性又は有害性（危険源）を、別表第1に例示されている事項を参照する等して同定するものとする。
ア 機械の意図する使用が行われる作業
イ 運搬、設置、試運転等の機械の使用の開始に関する作業
ウ 解体、廃棄等の機械の使用の停止に関する作業
エ 機械に故障、異常等が発生している状況における作業
オ 機械の合理的に予見可能な誤使用が行われる作業
カ 機械を使用する労働者以外の者（合理的に予見可能な場合に限る。）が機械の危険性又は有害性に接近すること

7 リスクの見積り等

(1) 機械を労働者に使用させる事業者は、6で同定されたそれぞれの危険性又は有害性（危険源）ごとに、次に掲げる方法等により、リスクを見積もり、適切なリスクの低減が達成されているかどうか及びリスクの低減の優先度を検討するものとする。
ア 負傷又は疾病の重篤度とそれらが発生する可能性の度合を相対的に尺度化し、それらを縦軸と横軸とし、あらかじめ重篤度及び可能性の度合に応じてリスクが割り付けられた表を使用してリスクを見積もる方法
イ 負傷又は疾病の発生する可能性とその重篤度を一定の尺度によりそれぞれ数値化し、それらを加算又は乗算等してリスクを見積もる方法

ウ 負傷又は疾病の重篤度及びそれらが発生する可能性等を段階的に分岐していくことによりリスクを見積もる方法
(2) 機械を労働者に使用させる事業者は，(1)のリスクの見積りに当たり，それぞれの危険性又は有害性により最も発生するおそれのある負傷又は疾病の重篤度によってリスクを見積もるものとするが，発生の可能性が低くても，予見される最も重篤な負傷又は疾病も配慮するよう留意するものとする。

8 保護方策の検討及び実施

(1) 機械を労働者に使用させる事業者は，使用上の情報（その内容に不足等があった場合には，機械の製造等を行う者に情報提供すること）及び7の結果に基づき，法令に定められた事項がある場合はそれを必ず実施するとともに，適切なリスクの低減が達成されていないと判断した危険性又は有害性（危険源）について，次に掲げる優先順位（3ステップメソッド）により，機械に係る保護方策を検討し実施するものとする。（使用上の情報で示された事項は，そのすべてに確実に保護法策を実施すること）

　ア 別表第2に定める方法その他適切な方法による本質的安全設計方策のうち，機械への加工物の搬入・搬出又は加工の作業の自動化等可能なものを行うこと。
　イ 別表第3に定める方法その他適切な方法による安全防護及び別表第4に定める方法その他適切な方法による付加保護方策を行うこと。
　ウ ア及びイの保護方策を実施した後の残留リスクを労働者に伝えるための作業手順の整備，労働者教育の実施等を行うこと。
　エ 必要な場合には個人用保護具を使用させること。

(2) (1)の検討に当たっては，リスク低減に要する負担がリスク低減による労働災害防止効果と比較して大幅に大きく，両者に著しい不均衡が発生する場合であって，措置を講ずることを求めることが著しく合理性を欠くと考えられるときを除き，可能な限り高い優先順位のリスク低減措置を実施する必要があるものとする。

　なお，死亡，後遺障害又は重篤な疾病をもたらすおそれのあるリスクに対して，適切なリスク低減措置の実施に時間を要する場合は，暫定的な措置を直ちに講ずるものとする。

　また，保護方策を行う際は，新たな危険性又は有害性の発生及びリスクの増加が生じないよう留意し，保護方策を行った結果これらが生じたときは，当該リスクの低減を行うものとする。

9　記録

　機械を労働者に使用させる事業者は，機械に係る調査等の結果について，同定した危険性又は有害性（危険源），見積もったリスク，設定した保護方策の優先順位並びに実施した保護方策及び残留リスクについて記録し，使用上の情報とともに保管するものとする。

10　注文時の配慮事項等

　機械を労働者に使用させる事業者は，別表第2から別表第5までに掲げる事項に配慮した機械を採用するものとし，必要に応じ，注文時の条件にこれら事項を含めるものとする。

　また，使用開始後に明らかになった当該機械の安全に関する知見等を製造等を行う者に伝達するものとする。

　（機械を労働者に使用させる事業者は機械の製造等を行う者に対し，新規に機械を注文したり，機械の改造等を依頼する場合に，設置場所，使用条件，加工材料の危険性および有害性，リスクアセスメントの低減に関連する情報をあらかじめ提供すること，使用上の情報に不足・不備等があった場合，適切な情報を入手できるよう，リスクアセスメントの実施等を要求すること，さらに，使用開始後に労働災害が発生するなど安全上の問題が生じた場合は，当該機械の安全に関する情報を提供すること）

別表第1　機械の危険性又は有害性（以下略）

別表第2　本質的安全設計方策（以下略）

別表第3　安全防護の方法（本質的安全設計方策では合理的に除去できない，またはリスクを低減できない危険源に対して，リスクの低減のために実施するものである）（以下略）

別表第4　付加保護方策の方法（以下略）

別表第5　使用上の情報の内容及び提供方法（以下略）

参考資料4　機械の包括的な安全基準に関する指針（概要）

参考　機械包括安全指針に基づく機械の安全化の手順

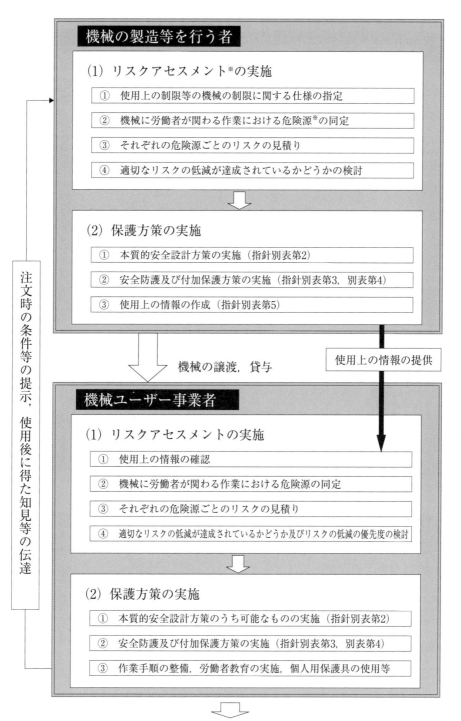

参考資料5　元方事業者が実施すべき事項（概要）

1　総合的な安全衛生管理のための体制の確立及び計画的な実施
（1）作業間の連絡調整等を統括管理する者の選任等

一の場所で常時50人以上の労働者が作業する場合は，作業間の連絡調整等の事項を統括管理する者を選任し，当該事項を管理させること。（造船業については「統括安全衛生責任者」を選任する必要がある。）

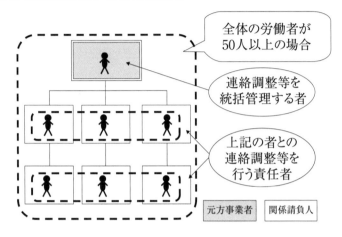

（2）安全衛生に関する計画の作成及び実施

労働災害防止対策として実施すべき主要な事項を定めた安全衛生に関する計画を作成し，関係請負人に周知させるとともに，当該計画に沿って労働災害防止対策を実施すること。なお，当該計画は，関係請負人に対して実施する事項を含むものとする。

2　作業間の連絡調整の実施

・混在作業による労働災害を防止するため，随時，元方事業者と関係請負人との間及び関係請負人相互間における作業間の連絡及び調整を行う必要があること。
・作業間の連絡調整の具体的な実施方法については，以下のような方法がある。
　① 作業発注時にあらかじめ作業指示書に具体的な実施事項を記載したうえで関係請負人に通知する。
　② 現場における作業開始前の打ち合わせにおいて関係請負人に指示する。

作業間の連絡調整の具体的措置の例

混在作業の状況	元方事業者が講ずべき措置対策
同一の機械等について，ある関係請負人が運転を，別の関係請負人が点検等を行う場合	それぞれの作業の開始又は終了に係る連絡，作業を行う時間帯の制限等の措置
複数の関係請負人がそれぞれ車両系荷役運搬機械等を用いた荷の運搬等の作業を行う場合	作業経路の制限，作業を行う時間帯の制限等の措置
ある関係請負人が有機溶剤の塗装を，別の関係請負人が溶接を行う場合	通風・換気，防爆構造による電気機械器具の使用等についての指導，作業を行う時間帯の制限等の措置
ある関係請負人が別の関係請負人も使用する通路等に設けられた手すりを取り外す場合等	その旨の別の関係請負人への連絡，必要な災害防止措置についての指導等の措置
その他，元方事業者と関係請負人及び関係請負人相互が混在作業を行う場合	当該混在作業によって生ずる労働災害の防止を図るために必要な措置

3　関係請負人との協議を行う場の設置及び運営

・関係請負人の数が少ない場合を除き，関係請負人と協議を行う場を設置し，定期的に開催すること。（造船業については関係請負人の数に関係なく設置する必要がある。）

・関係請負人が交替したとき等混在作業による労働災害の防止のために協議すべき必要が生じたときにも開催すること。

・使用する労働者に協議会における協議結果を周知させること。

参加者
(ア)　元方事業者 　　a　作業間の連絡調整等の統括管理を行う者 　　b　安全管理者等 　　c　職長等 (イ)　関係請負人 　　a　関係請負人が選任する安全衛生責任者等 　　b　安全管理者等

協議事項
①　安全衛生方針，目標，計画 ②　作業手順や点検基準等の安全衛生規程及び当該規程に基づく作業等の実施 ③　労働者に対する教育の実施 ④　クレーン等の運転についての合図の統一等 ⑤　作業場所の巡視の結果及びこれに基づく措置 ⑥　労働災害の原因及び再発防止対策

4　作業場所の巡視

・混在作業による労働災害を防止するため必要な範囲について作業場所を定期的に，巡視すること。（造船業については，毎作業日に少なくとも1回，巡視する必要がある。）

・機械等を導入し，又は変更したとき，元方事業者又は関係請負人の作業内容を大

幅に変更したとき，関係請負人が交替したとき等においても同様に巡視すること。
・巡視に当たっては，安全管理者の職場巡視や，協議会のパトロールに併せて実施するなど，効果的かつ効率的に実施すること。

5　関係請負人が実施する安全衛生教育に対する指導援助

　関係請負人が行う労働者の雇入れ時教育，作業内容変更時教育，特別教育等の安全衛生教育について，必要に応じ，場所の提供，資料の提供等を行うこと。（造船業については，場所の提供等を行う必要がある。）

6　クレーン等の運転についての合図の統一等

　クレーン等の運転についての合図の統一，事故現場の標識の統一等，有機溶剤等の容器の集積箇所の統一，警報の統一等を行う必要があること。

7　関係請負人の把握

（1）関係請負人の責任者等の把握

・請負契約の成立後速やかに以下の事項を通知させ，把握しておくこと。
　① 　安全衛生責任者の選任状況
　② 　安全管理者等の選任状況
・新たに作業を行うこととなった関係請負人に対しては，過去の協議事項等必要な事項を周知させること。

（2）労働災害発生のおそれのある機械等の持ち込み状況の把握

　元方事業者は，関係請負人が労働災害発生のおそれのある機械等を持ち込む場合は，当該関係請負人に事前に通知させ，これを把握しておくとともに，定期自主検査，作業開始前点検等を確実に実施させること。

8　機械等を使用させて作業を行わせる場合の措置

　関係請負人に自らが管理権原を有する機械等を使用させて作業を行わせる場合には，当該機械等について以下の事項を実施すること。
　① 　法令上の危害防止措置が適切に講じられていることを確認すること。
　② 　リスクアセスメントを実施した場合には，残留リスクなどの情報を提供すること。

③ 関係請負人に定期自主検査,作業開始前点検等を確実に実施させること。(補修その他の改善措置を講ずる必要が生じた場合は,関係請負人に必要な権限を与え改善措置を講じさせるか,関係請負人と協議のうえ,自らがこれを講じること。)

(造船業については,元方事業者は,足場や物品揚卸口等,交流アーク溶接機,電動機械器具等の機械等を当該仕事を行う場所において関係請負人の労働者に使用させるときは,当該機械等について,当該労働者の労働災害を防止するため必要な措置を講じる必要がある。)

9 危険性及び有害性等の情報の提供

化学設備等の改造等の作業における設備の分解又は設備の内部への立入りを関係請負人に行わせる場合には,作業開始前に,当該設備で製造し,取り扱う物の危険性及び有害性等の事項を記載した文書等を作成し,関係請負人に交付する必要があること。(安衛法第31条の2)

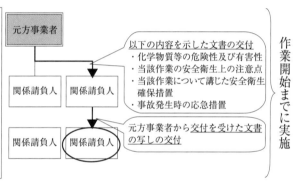

10 作業環境管理

元方事業者は,作業環境測定結果の評価に基づいて関係請負人が実施する作業環境の改善保護具の着用等について,必要な指導を行うこと。

なお,元方事業者が実施した作業環境測定の結果は,当該測定の範囲において作業を行う関係請負人が活用できること。

11 健康管理

関係請負人の労働者の健康診断の受診率を高めるため,例えば次のことを行うこと。

① 自らの労働者に対して実施する健康診断と関係請負人がその労働者に対して実施する健康診断を同じ日に実施することができるよう日程調整する

② 関係請負人に対して健康診断機関をあっせんする

また,必要に応じ,関係請負人に対し健康管理手帳制度の周知その他有害業務に

係る健康管理措置の周知等を行うこと。

12 その他請負に伴う実施事項

（1）仕事の注文者としての配慮事項

・労働災害を防止するための事業者責任を遂行できない事業者に仕事を請け負わせないこと。
・仕事の期日等について安全で衛生的な作業の遂行を損なうおそれのある条件を付さないよう配慮する必要があること。（安衛法第3条）
・元方事業者の組織内において，安全衛生管理部門と設計部門及び作業発注部門間の連携を図ること。

（2）関係請負人及びその労働者に対する指導等（安衛法第29条）

・関係請負人及びその労働者が法令に違反しないよう必要な指導を行うこと。
・違反していると認められる場合には，必要な指示等を行うこと。

（3）適正な請負

　注文者と労働者との間に指揮命令関係がある場合には，請負形式の契約により行われていても労働者派遣に該当し，労働者派遣法の適用を受ける。この場合，労働安全衛生法に基づく事業者責任のうち，派遣先が責任を負う事項は，注文者が負うことになる。

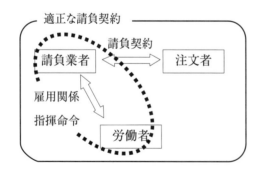
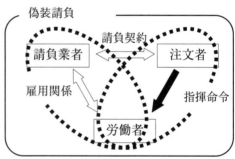

労働者派遣と請負の区分についての詳細は，『労働者派遣事業と請負により行われる事業との区分に関する基準（昭和61年労働省告示第37号）』を参照。

参考資料6　派遣元・派遣先における労働安全衛生法の適用

派遣元が責任を負う事項	派遣先が責任を負う事項
職場における安全衛生を確保する事業者の責務	職場における安全衛生を確保する事業者の責務
事業者等の実施する労働災害の防止に関する措置に協力する労働者の責務	事業者等の実施する労働災害の防止に関する措置に協力する労働者の責務
労働災害防止計画の実施に係る厚生労働大臣の勧告等	労働災害防止計画の実施に係る厚生労働大臣の勧告等
総括安全衛生管理者の選任等	総括安全衛生管理者の選任等
	安全管理者の選任等
衛生管理者の選任等	衛生管理者の選任等
安全衛生推進者の選任等	安全衛生推進者の選任等
産業医の選任等	産業医の選任等
	作業主任者の選任等
	統括安全衛生責任者の選任等
	元方安全衛生管理者の選任等
	店社安全衛生管理者の選任等
	安全委員会の設置等
衛生委員会の設置等	衛生委員会の設置等
安全管理者等に対する教育等	安全管理者等に対する教育等
	労働者の危険又は健康障害を防止するための措置　　事業者の講ずべき措置　　労働者の遵守すべき事項　　事業者の行うべき調査等　　元方事業者の講ずべき措置　　特定元方事業者の講ずべき措置
	定期自主検査
	化学物質の有害性の調査
安全衛生教育（雇入れ時，作業内容変更時）	安全衛生教育（作業内容変更時，危険有害業務就業時）
	職長教育
危険有害業務従事者に対する教育	危険有害業務従事者に対する教育
	就業制限
中高年齢者等についての配慮	中高年齢者等についての配慮
事業者の行う安全衛生教育に対する国の援助	事業者が行う安全衛生教育に対する国の援助
	作業環境測定
	作業環境測定の結果の評価等
	作業の管理
	作業時間の制限

健康診断（一般健康診断等，当該健康診断結果についての意見聴取）	健康診断（有害な業務に係る健康診断等，当該健康診断結果についての意見聴取）
健康診断（健康診断実施後の作業転換等の措置）	健康診断（健康診断実施後の作業転換等の措置）
健康診断の結果通知	
医師等による保健指導	
医師による面接指導等	
	病者の就業禁止
健康教育等	健康教育等
体育活動等についての便宜供与等	体育活動等についての便宜供与等
	快適な職場環境の形成のための措置
	安全衛生改善計画等
	機械等の設置，移転に係る計画の届出，審査等
申告を理由とする不利益取扱禁止	申告を理由とする不利益取扱禁止
	使用停止命令等
報告等[注1]	報告等[注1]
法令の周知	法令の周知
書類の保存等	書類の保存等
事業者が行う安全衛生施設の整備等に対する国の援助	事業者が行う安全衛生施設の整備等に対する国の援助
疫学的調査等	疫学的調査等

注1）派遣労働者が被災した場合は，派遣先及び派遣元の事業者はそれぞれ，労働者死傷病報告を所轄労働基準監督署に提出しなければならない。

注2）ストレスチェック，面接指導等は派遣元が実施する

参考資料7　労働安全衛生マネジメントシステムに関する指針

平成11年4月30日　労働省告示第53号

改正　平成18年3月10日　厚生労働省告示第113号

（目的）

第1条　この指針は，事業者が労働者の協力の下に一連の過程を定めて継続的に行う自主的な安全衛生活動を促進することにより，労働災害の防止を図るとともに，労働者の健康の増進及び快適な職場環境の形成の促進を図り，もって事業場における安全衛生の水準の向上に資することを目的とする。

第2条　この指針は，労働安全衛生法（昭和47年法律第57号。以下「法」という。）の規定に基づき機械，設備，化学物質等による危険又は健康障害を防止するため事業者が講ずべき具体的な措置を定めるものではない。

（定義）

第3条　この指針において次の各号に掲げる用語の意義は，それぞれ当該各号に定めるところによる。

1　労働安全衛生マネジメントシステム　事業場において，次に掲げる事項を体系的かつ継続的に実施する安全衛生管理に係る一連の自主的活動に関する仕組みであって，生産管理等事業実施に係る管理と一体となって運用されるものをいう。

　イ　安全衛生に関する方針（以下「安全衛生方針」という。）の表明

　ロ　危険性又は有害性等の調査及びその結果に基づき講ずる措置

　ハ　安全衛生に関する目標（以下「安全衛生目標」という。）の設定

　ニ　安全衛生に関する計画（以下「安全衛生計画」という。）の作成，実施，評価及び改善

2　システム監査　労働安全衛生マネジメントシステムに従って行う措置が適切に実施されているかどうかについて，安全衛生計画の期間を考慮して事業者が行う調査及び評価をいう。

（適用）

第4条　労働安全衛生マネジメントシステムに従って行う措置は，事業場を一の単位として実施することを基本とする。ただし，建設業に属する事業の仕事を行う

事業者については，当該仕事の請負契約を締結している事業場及び当該事業場において締結した請負契約に係る仕事を行う事業場を併せて一の単位として実施することを基本とする。

（安全衛生方針の表明）
第5条　事業者は，安全衛生方針を表明し，労働者及び関係請負人その他の関係者に周知させるものとする。
②　安全衛生方針は，事業場における安全衛生水準の向上を図るための安全衛生に関する基本的考え方を示すものであり，次の事項を含むものとする。
　1　労働災害の防止を図ること。
　2　労働者の協力の下に，安全衛生活動を実施すること。
　3　法又はこれに基づく命令，事業場において定めた安全衛生に関する規程（以下「事業場安全衛生規程」という。）等を遵守すること。
　4　労働安全衛生マネジメントシステムに従って行う措置を適切に実施すること。

（労働者の意見の反映）
第6条　事業者は，安全衛生目標の設定並びに安全衛生計画の作成，実施，評価及び改善に当たり，安全衛生委員会等（安全衛生委員会，安全委員会又は衛生委員会をいう。以下同じ。）の活用等労働者の意見を反映する手順を定めるとともに，この手順に基づき，労働者の意見を反映するものとする。

（体制の整備）
第7条　事業者は，労働安全衛生マネジメントシステムに従って行う措置を適切に実施する体制を整備するため，次の事項を行うものとする。
　1　システム各級管理者（事業場においてその事業の実施を統括管理する者及び生産・製造部門，安全衛生部門等における部長，課長，係長，職長等の管理者又は監督者であって，労働安全衛生マネジメントシステムを担当するものをいう。以下同じ。）の役割，責任及び権限を定めるとともに，労働者及び関係請負人その他の関係者に周知させること。
　2　システム各級管理者を指名すること。
　3　労働安全衛生マネジメントシステムに係る人材及び予算を確保するよう努め

ること。
4 労働者に対して労働安全衛生マネジメントシステムに関する教育を行うこと。
5 労働安全衛生マネジメントシステムに従って行う措置の実施に当たり，安全衛生委員会等を活用すること。

(明文化)
第8条　事業者は，次の事項を文書により定めるものとする。
1　安全衛生方針
2　システム各級管理者の役割，責任及び権限
3　安全衛生目標
4　安全衛生計画
5　第6条，次項，第10条，第13条，第15条第1項，第16条及び第17条第1項の規定に基づき定められた手順
②　事業者は，前項の文書を管理する手順を定めるとともに，この手順に基づき，当該文書を管理するものとする。

(記録)
第9条　事業者は，安全衛生計画の実施状況，システム監査の結果等労働安全衛生マネジメントシステムに従って行う措置の実施に関し必要な事項を記録するとともに，当該記録を保管するものとする。

(危険性又は有害性等の調査及び実施事項の決定)
第10条　事業者は，法第28条の2第2項に基づく指針に従って危険性又は有害性等を調査する手順を定めるとともに，この手順に基づき，危険性又は有害性等を調査するものとする。
②　事業者は，法又はこれに基づく命令，事業場安全衛生規程等に基づき実施すべき事項及び前項の調査の結果に基づき労働者の危険又は健康障害を防止するため必要な措置を決定する手順を定めるとともに，この手順に基づき，実施する措置を決定するものとする。

（安全衛生目標の設定）

第11条　事業者は，安全衛生方針に基づき，次に掲げる事項を踏まえ，安全衛生目標を設定し，当該目標において一定期間に達成すべき到達点を明らかとするとともに，当該目標を労働者及び関係請負人その他の関係者に周知するものとする。
 1　前条第1項の規定による調査結果
 2　過去の安全衛生目標の達成状況

（安全衛生計画の作成）

第12条　事業者は，安全衛生目標を達成するため，事業場における危険性又は有害性等の調査の結果等に基づき，一定の期間を限り，安全衛生計画を作成するものとする。

② 　安全衛生計画は，安全衛生目標を達成するための具体的な実施事項，日程等について定めるものであり，次の事項を含むものとする。
 1　第10条第2項の規定により決定された措置の内容及び実施時期に関する事項
 2　日常的な安全衛生活動の実施に関する事項
 3　安全衛生教育の内容及び実施時期に関する事項
 4　関係請負人に対する措置の内容及び実施時期に関する事項
 5　安全衛生計画の期間に関する事項
 6　安全衛生計画の見直しに関する事項

（安全衛生計画の実施等）

第13条　事業者は，安全衛生計画を適切かつ継続的に実施する手順を定めるとともに，この手順に基づき，安全衛生計画を適切かつ継続的に実施するものとする。

② 　事業者は，安全衛生計画を適切かつ継続的に実施するために必要な事項について労働者及び関係請負人その他の関係者に周知させる手順を定めるとともに，この手順に基づき，安全衛生計画を適切かつ継続的に実施するために必要な事項をこれらの者に周知させるものとする。

（緊急事態への対応）

第14条　事業者は，あらかじめ，労働災害発生の急迫した危険がある状態（以下「緊急事態」という。）が生ずる可能性を評価し，緊急事態が発生した場合に労働災害を防止するための措置を定めるとともに，これに基づき適切に対応するものとす

る。

(日常的な点検,改善等)
第15条　事業者は,安全衛生計画の実施状況等の日常的な点検及び改善を実施する手順を定めるとともに,この手順に基づき,安全衛生計画の実施状況等の日常的な点検及び改善を実施するものとする。
②　事業者は,次回の安全衛生計画を作成するに当たって,前項の日常的な点検及び改善並びに次条の調査等の結果を反映するものとする。

(労働災害発生原因の調査等)
第16条　事業者は,労働災害,事故等が発生した場合におけるこれらの原因の調査並びに問題点の把握及び改善を実施する手順を定めるとともに,労働災害,事故等が発生した場合には,この手順に基づき,これらの原因の調査並びに問題点の把握及び改善を実施するものとする。

(システム監査)
第17条　事業者は,定期的なシステム監査の計画を作成し,第5条から前条までに規定する事項についてシステム監査を適切に実施する手順を定めるとともに,この手順に基づき,システム監査を適切に実施するものとする。
②　事業者は,前項のシステム監査の結果,必要があると認めるときは,労働安全衛生マネジメントシステムに従って行う措置の実施について改善を行うものとする。

(労働安全衛生マネジメントシステムの見直し)
第18条　事業者は,前条第1項のシステム監査の結果を踏まえ,定期的に,労働安全衛生マネジメントシステムの妥当性及び有効性を確保するため,安全衛生方針の見直し,この指針に基づき定められた手順の見直し等労働衛生マネジメントシステムの全般的な見直しを行うものとする。

経営トップ層が知っておくべき安全衛生の知識
総括安全衛生管理者の職務

平成22年10月21日	第1版第1刷発行
平成28年12月26日	第2版第1刷発行
平成29年4月6日	第2刷発行

編　　　者　中央労働災害防止協会

発　行　者　阿　部　研　二

発　行　所　中央労働災害防止協会

〒108-0023

東京都港区芝浦3丁目17番12号

吾妻ビル9階

電話　販売　03(3452)6401

　　　編集　03(3452)6209

印刷・製本　株式会社　丸井工文社

落丁・乱丁本はお取り替えいたします。　　　　　©JISHA2016

ISBN978-4-8059-1725-1　C3060

中災防ホームページ　http://www.jisha.or.jp/

本書の内容は著作権法によって保護されています。本書の全部又は一部を複写(コピー)、複製、転載すること(電子媒体への加工を含む)を禁じます。